ISO 9001
EM AMBIENTES
EDUCACIONAIS

INSTITUTO PHORTE EDUCAÇÃO
PHORTE EDITORA

Diretor-Presidente
Fabio Mazzonetto

Diretora Financeira
Vânia M. V. Mazzonetto

Editor-Executivo
Fabio Mazzonetto

Diretora Administrativa
Elizabeth Toscanelli

CONSELHO EDITORIAL

Educação Física
Francisco Navarro
José Irineu Gorla
Paulo Roberto de Oliveira
Reury Frank Bacurau
Roberto Simão
Sandra Matsudo

Educação
Marcos Neira
Neli Garcia

Fisioterapia
Paulo Valle

Nutrição
Vanessa Coutinho

ISO 9001
EM AMBIENTES EDUCACIONAIS

SISTEMA DE GESTÃO DA QUALIDADE

ALMIR VICENTINI

São Paulo, 2015

ISO 9001 em ambientes educacionais: sistema de gestão da qualidade
Copyright © 2015 by Phorte Editora.

Rua Treze de Maio, 596
Bela Vista – São Paulo – SP
CEP: 01327-000
Tel/fax: (11) 3141-1033
Site: www.phorte.com.br
E-mail: phorte@phorte.com.br

Nenhuma parte deste livro pode ser reproduzida ou transmitida de qualquer forma ou por qualquer meio, sem autorização prévia por escrito da Phorte Editora Ltda.

CIP-BRASIL. CATALOGAÇÃO-NA-FONTE
SINDICATO NACIONAL DOS EDITORES DE LIVROS, RJ

V682i

    Vicentini, Almir
        ISO 9001 em ambientes educacionais : sistema de gestão da qualidade / Almir Vicentini. - 1. ed. - São Paulo : Phorte, 2015.
        168 p. : il. ; 23 cm.
        Inclui bibliografia
        ISBN 9788576555506

        1. Escolas - Organização e administração. 2. Mudança de atitude. 3. Gestão da qualidade total na educação. 4. Administradores escolares. 5. ISO 9001. I. Título.

15-19446	CDD: 371.2
	CDU: 37.091

23/01/2015	23/01/2015

ph1941.1

Este livro foi avaliado e aprovado pelo Conselho Editorial da Phorte Editora.
(www.phorte.com.br/conselho_editorial.php)

Impresso no Brasil
Printed in Brazil

AGRADECIMENTOS

A Deus, pelos constantes desafios que me impõe.

À Carla, minha esposa, mulher, mãe, guerreira, que encara os desafios do dia a dia.

Aos meus filhos, que são o motivo da minha vida.

APRESENTAÇÃO

Pela experiência acumulada na minha caminhada por escolas de todos os níveis, os tamanhos, os sistemas e todas as regiões, pude perceber que o assunto *qualidade* é debatido até com certa frequência, mas a percepção de um Sistema de Gestão da Qualidade, completo e aplicado, não faz parte das metas de quase nenhuma instituição de ensino.

Assim, procurei neste livro "traduzir" as normas e os processos do ISO 9001 adaptado aos ambientes educacionais, numa linguagem clara, sem terminologia própria dos auditores e, principalmente, dando subsídios para que os gestores possam adotar os padrões estabelecidos nas normas.

As primeiras dúvidas que todo diretor, gestor ou membro ligado à Educação tem é:

- Por que deveria me preocupar com um Sistema de Gestão da Qualidade?
- ISO não é "coisa" da indústria?
- Mais burocracia na minha escola?

- Eu sei controlar a qualidade da minha escola. O que a ISO vai me ensinar?
- A minha clientela (pais e alunos) não enxerga esse modelo!

Eu poderia enumerar diversas outras "desculpas" para o assunto. Confesso: o tema é árduo, complexo, pouquíssimo discutido, mas impossível de se deixar de lado, num momento em que as escolas, de qualquer nível educacional, buscam diferenciais para a sua cultura.

Hoje, torna-se inapropriado que as instituições educacionais continuem administrando seus negócios como antigamente, pois eram consideradas "templos sagrados", sem concorrência, sem exigências dos clientes, que aceitavam as mazelas de seus gestores por falta de opção ou de escolha para a continuidade do estudo de seus filhos, ou de si próprios.

O mercado educacional mudou (ainda bem!), e para melhor! Podemos encontrar grandes redes que buscam implantar novas formas de ensinar, capacitar professores e equipe, buscar ferramentas tecnológicas para facilitar o processo de ensino-aprendizagem e, mais que tudo, garantir a qualidade da formação oferecida.

É óbvio que muitas escolas, e até grandes redes, continuam a acreditar que um passado glorioso e tradicional seja suficiente para atrair e fidelizar alunos. Creiam-me: tenho observado diariamente a perda de alunos de instituições confessionais, leigas, tradicionais e outras, pelo simples fato de não enxergarem a necessidade de adaptação às novas exigências.

Caro gestor, caro diretor, caro amigo, este livro pretende apresentar um Sistema de Gestão da Qualidade baseado na Norma ISO 9001, com adaptações inerentes ao processo educacional.

Embora sua instituição não pretenda obter o Certificado de Reconhecimento, o que, aliás, é a maioria, pretendo apresentar modelos e informações para ajustes de processos, em todos os setores de sua escola. Assim, toda a sua clientela (interna e externa) terá certeza das constantes melhorias implantadas.

Os processos e modelos estão numa linguagem acessível, e a preocupação maior não é a de discutir todas as formas de ISO, mas, exclusivamente, as ligadas aos processos de qualidade para as Instituições de ensino.

Aqui serão apresentados conceitos, a norma adaptada, modelos de manuais de qualidade e estudo de casos para a melhoria contínua da qualidade.

Tenho certeza de que, ao final da leitura deste livro, a sua instituição estará pronta para buscar, constantemente, a melhoria contínua da qualidade e, ainda, mostrar aos alunos/pais/professores/clientes a sua preocupação com o desempenho de suas funções, com *qualidade garantida e certificada*.

Boa leitura!

O Autor

SUMÁRIO

Capítulo 1

1.1 O que significa a sigla ISO?..13

1.2 O que é um Sistema de Gestão da Qualidade em escolas? 15

1.3 Por que as escolas deveriam adotar a ISO 9001 17

1.4 Princípios de Gestão da Qualidade 18

    1.4.1 Foco no cliente 19

    1.4.2 Liderança 19

    1.4.3 Envolvimento das pessoas...20

    1.4.4 Abordagem de processos 21

    1.4.5 Abordagem sistêmica...21

    1.4.6 Melhoria contínua 22

    1.4.7 Abordagem factual..23

    1.4.8 Benefícios mútuos 23

1.5 Identificação de processos...24

1.6 Modelos de processos 25

1.7 Aplicação da norma..26

1.8 Abordagem de processo 27

Capítulo 2

2.1 Objetivo e campo de aplicação...31

    2.1.1 Generalidades 31

    2.1.2 Aplicação...32

2.2 Organização educacional 32

    2.2.1 Definição 32

    2.2.2 Serviço educacional 33

    2.2.3 Processo educacional...33

    2.2.4 Cliente 33

    2.2.5 Partes interessadas 34

    2.2.6 Educação...34

2.3 Sistema de Gestão da Qualidade...35

2.4 Requisitos de documentação 36

    2.4.1 Generalidades...36

    2.4.2 Manual da qualidade...37

    2.4.3 Controle de documentos...38

    2.4.4 Controle de registros...40

2.5 Responsabilidade da direção 41
    2.5.1 Comprometimento da direção 41
    2.5.2 Foco no cliente 41
    2.5.3 Política da qualidade 42
    2.5.4 Planejamento 43
    2.5.5 Responsabilidade, autoridade e comunicação 46
    2.5.6 Análise crítica pela direção 49
2.6 Gestão de recursos 50
    2.6.1 Recursos humanos 50
    2.6.2 Competência, conscientização e capacitação 51
    2.6.3 Infraestrutura 54
    2.6.4 Ambiente de trabalho 56
2.7 Realização do produto 57
    2.7.1 Planejamento da realização do produto 57
    2.7.2 Comunicação com o cliente 58
    2.7.3 Projeto e desenvolvimento 60
    2.7.4 Produção e fornecimento de serviço 63
2.8 Medição, análise e melhoria 66
    2.8.1 Generalidades 66
    2.8.2 Medição e monitoramento 66
    2.8.3 Melhorias 72

Capítulo 3
3.1 Quantidade adequada de documentação 75
3.2 A diferença entre documentos e registros 76
    3.2.1 Documentos 77
    3.2.2 Registros 77
3.3 Manual da qualidade em organizações educacionais 77
    3.3.1 Preparando procedimentos de qualidade 78
    3.3.2 Descrição de procedimento da qualidade 78
    3.3.3 Preparando instruções de serviços 80
    3.3.4 Desenvolvendo o fluxograma de um processo 81
    3.3.5 Instruções de trabalho 83
    3.3.6 Modelo de manual da qualidade 92

Capítulo 4
4.1 Procedimentos gerenciais 123
4.2 Formulários funcionais 151

Capítulo 5
5.1 Preparando-se para a auditoria 155
5.2 As responsabilidades de todos 156
5.3 As responsabilidades da direção 156
5.4 Treinamento de auditores 157
    5.4.1 Quem pode ser auditor? 158
    5.4.2 Investigação 160

Considerações finais 163
Glossário 165
Referências 167

1

1.1 O QUE SIGNIFICA A SIGLA ISO?

A sigla ISO é originada de International Organization for Standardization ou, numa tradução livre, Organização Internacional de Padronização ou Normatização.

Como educadores, podemos ajustar e justificar o termo ISO como a raiz grega que tem o significado de "igual" e aplicado em várias palavras: isósceles, isobárico, isométrico; ou seja, algo que é idêntico, com medidas iguais, parecido etc.

A ISO é uma agência internacional com sede na Suíça e com escritórios em mais de 160 países, que publica, atualiza e certifica instituições das mais diversas áreas, garantindo um padrão de qualidade em todos os processos, desde a entrada (*input*) da matéria-prima, no caso de indústrias ou de necessidades dos clientes, como as prestadoras de serviços, cujo bom exemplo é a escola, até a saída do produto (*output*).

Em 1987, a ISO editou a série 9000, com o objetivo de estabelecer critérios para a implantação de Sistemas de Garantia da Qualidade. A primeira versão criou uma estrutura de três normas sujeitas à certificação, a ISO 9001, a 9002 e a 9003, além da ISO 9000, que era uma espécie de guia para a seleção da norma mais adequada ao tipo de organização. Com três anos de atraso, a ABNT emitiu a primeira versão (tradução) da série no Brasil.

Ter um certificado ISO 9000 significa que uma escola tem um sistema gerencial voltado para a qualidade e que atende aos requisitos de uma norma internacional. Não há obrigatoriedade para se ter a ISO 9000. As normas foram criadas para que as escolas as adotem de forma voluntária.

Em sua essência, a ISO 9000 é uma norma que visa estabelecer critérios para um adequado gerenciamento do negócio, tendo como foco principal a satisfação do pai e do aluno, por meio de uma série de ações, entre as quais podemos destacar:

- escola totalmente comprometida com a qualidade (considerando qualidade = satisfação do cliente), desde os níveis mais elevados até os mais operacionais;
- adequado gerenciamento dos recursos humanos e materiais necessários para as operações do negócio;
- existência de procedimentos, instruções e registros de trabalho, formalizando todas as atividades que afetam a qualidade;
- monitoramento dos processos por meio de indicadores e tomada de ações quando os objetivos preestabelecidos não são alcançados.

Como já dissemos, nosso foco será a ISO 9001, priorizando os processos educacionais. Caso haja o interesse dos leitores em outras normas, indico a leitura dos manuais da Associação Brasileira de Normas Técnicas (ABNT). Não há necessidade desses conhecimentos para que a implantação de um Sistema de Gestão da Qualidade seja feita com eficiência e agilidade.

1.2 O QUE É UM SISTEMA DE GESTÃO DA QUALIDADE EM ESCOLAS?

Primeiramente, cabe uma ressalva: um Sistema de Gestão da Qualidade faz parte de qualquer organização que implantou um sistema de gerenciamento da qualidade. Assim, o título mais correto deste item seria: "O que é um Sistema de Gestão da Qualidade?".

As escolas devem se preocupar com todas as atividades que executam, a fim de atender aos requisitos e às expectativas de seus pais/alunos/professores (clientes). Com a intenção de garantir que se tenha um Sistema de Gestão da Qualidade em operação, esses clientes poderão medir os resultados atingidos.

Para que consigamos a conformidade com a Norma ISO 9001, será necessário que atendamos a todos os requisitos de nossos clientes na entrega do nosso produto: educação e formas de relacionamentos.

A sua escola deve avaliar, de maneira persistente e contínua, quão satisfeitos esses alunos/pais/professores estão e demonstrar que a busca constante de melhorias na qualidade é resultado das intervenções e queixas deles mesmos.

Vamos estabelecer e começar a usar alguns termos da Norma, assim, a leitura se dará com mais facilidade. Toda vez que a escola desenvolver processos baseados na Norma, os termos a serem usados serão *conformidade* ou *não conformidade* com a Norma. Simples assim: "esse procedimento está em conformidade" (de acordo) ou "temos uma não conformidade" (quando em desacordo).

As evidências de conformidades à Norma ISO 9001 deverão ser obtidas por auditores internos, os próprios funcionários das instituições, que serão capacitados para tal. Essa auditoria é chamada de *Auditoria de Primeiros*, ou seja, os "primeiros" a apontarem correções ou acertos.

Neste livro, oferecemos elementos para a criação de grupos de auditores internos que deverão avaliar, aprovar e, principalmente, reavaliar o Sistema de Gestão da Qualidade da sua escola.

A chamada *Auditoria de Segundos*, normalmente, é utilizada em processos industriais, com fornecedores, e não se aplica em ambientes educacionais.

Quando a instituição quiser buscar a sua certificação oficial por meio de organismos como ABNT e outros que representam um órgão certificador oficial e reconhecido pela ISO, a sua escola torna-se *Certificada* e em conformidade com a ISO 9001:2008. (Vale ressaltar que 2008 foi o ano da última revisão da Norma; anteriormente era anotado ISO 9001:2000. Assim, quando ocorrer a próxima revisão, haverá mudanças na anotação.)

Um certificado desses atesta aos clientes que a instituição possui um Sistema de Gestão da Qualidade em constante evolução. As instituições não interessadas na certificação poderão ter interesse em manter-se em conformidade com a ISO 9001, como modelo de negócio em melhoria contínua.

A ISO inclui seções principais que contêm cláusulas e focos de trabalho (processos). Tudo isso resulta nos requisitos que definem o que a sua escola deve fazer para se tornar certificada.

Todos os processos serão apresentados nos capítulos posteriores, conforme o grau de complexidade for aumentando.

1.3 POR QUE AS ESCOLAS DEVERIAM ADOTAR A ISO 9001?

As escolas podem adotar as normas ISO por diferentes motivos. A decisão de sua instituição em executar o processo deveria levar em conta os seguintes aspectos:

- estar com conformidade com alunos/pais/professores que exigem um Sistema de Gestão da Qualidade comprovado;
- competir no mercado educacional com as grandes redes, nacionais e internacionais, que já adotam um Sistema de Gestão da Qualidade;
- aprimorar e dinamizar o seu sistema de gestão do próprio negócio educacional;
- minimizar críticas e perda de alunos por processos falhos;
- aprimorar o desempenho organizacional;
- minimizar custos com operações desnecessárias.

Os gestores e as suas Instituições se beneficiam da implantação de um Sistema de Gestão da Qualidade para prover serviços de qualidade. O uso da ISO 9001 será a base para:

- apresentar e comunicar à sua clientela sobre quais os processos que a instituição utiliza para produzir educação de qualidade;
- alcançar entendimento e consistência nas práticas propostas no Sistema de Gestão da Qualidade;
- criar e aprimorar a eficácia de toda a documentação dos processos criados;
- aprimorar a evolução contínua da qualidade;
- reforçar e ampliar a confiança e os relacionamentos da escola/cliente;
- gerar economia de custos e melhorar a lucratividade;
- aumentar a sustentabilidade das relações escola/clientela;
- capacitar os colaboradores na missão de buscar disciplina para as suas atividades em seu setor.

1.4 PRINCÍPIOS DE GESTÃO DA QUALIDADE

Todo o processo de um Sistema de Gestão da Qualidade é baseado em alguns grandes princípios, que foram definidos pela ISO, com o intuito de facilitar a criação de modelos e alcançar, com facilidade, os objetivos propostos.

Se fôssemos analisar profundamente toda a Norma ISO 9001, veríamos um grande número de requisitos e métodos com objetivos de aprimoramento dos recursos da gestão da qualidade.

Desenvolva confiança, respeito e comprometimento mútuos entre a escola e os seus fornecedores para obtenção de satisfação de seus clientes. Isso é possível com um Sistema de Gestão da Qualidade desenvolvido em parceria com todos.

A boa notícia é que o número de princípios é pequeno: oito (Figura 1.1); pois métodos podem evoluir, mudar ou ampliar, mas os princípios não se alteram. A grande preocupação, o grande foco, sempre será o cliente/aluno/pai/professor.

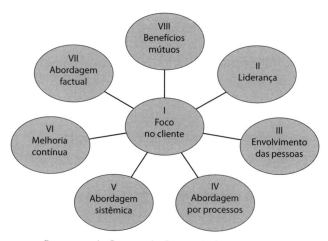

FIGURA 1.1 – Princípios do Sistema de Gestão de Qualidade.

Caro gestor, aqui vai seu primeiro compromisso com a implantação de um Sistema de Gestão da Qualidade na sua instituição: você deverá se familiarizar com cada um dos oito princípios descritos a seguir, assegurando que os métodos utilizados sejam pareados com tais princípios.

1.4.1 FOCO NO CLIENTE

1.4.1.1 O QUE É ISSO?

É entender as necessidades dos seus alunos/pais/professores atuais e, principalmente dos futuros. Atender todas as expectativas dos clientes e lutar para superar as expectativas criadas pela sua clientela.

1.4.1.2 COMO FAÇO ISSO?

Seja humilde e reconheça que a sua instituição sobrevive da dependência econômica do seu cliente. Depois, busque a conformidade das suas ações e discuta os processos novos e antigos com a equipe.

Tenha como grande meta a percepção dos seus clientes em relação à sua instituição. Ofereça serviços diferenciados e esperados pelos clientes.

1.4.2 LIDERANÇA

1.4.2.1 O QUE É ISSO?

A sua instituição deve estabelecer propósitos definidos e divulgá-los com clareza para a clientela. Assim, criamos uma política de objetivos, com a implementação de uma cultura interna, na qual todos os colaboradores serão parceiros na busca de objetivos da sua escola.

1.4.2.2 COMO FAÇO ISSO?

A sua missão como gestor é definir metas e objetivos muito claros. A escola não pode perder-se em decisões pouco discutidas.

Para isso, trate a adoção de um Sistema de Gestão da Qualidade como questão estratégica de negócio e forneça recursos humanos e ferramentais para que a escola atinja todos os objetivos traçados e divulgados para a clientela.

1.4.3 ENVOLVIMENTO DAS PESSOAS

1.4.3.1 O QUE É ISSO?

O gestor deverá desenvolver, de maneira completa e contínua, as habilidades e competências das pessoas envolvidas em cada processo criado, dando a cada uma delas a capacidade e a liberdade de usar a sua experiência, a fim de alcançar o maior benefício possível para o grupo e para a instituição.

Esse, sem dúvida, é um dos mais complexos princípios, pois exige do gestor a capacidade da *humildade*, do aceitar dizer "mudei de ideia", "vamos mudar" ou, ainda, "a sua ideia é melhor que a minha".

1.4.3.2 COMO FAÇO ISSO?

A comunicação contínua e eficaz, honesta e constante entre a liderança e os clientes é primordial, garantindo que os processos sejam compreendidos por todos.

Integre seu plano e seus processos e/ou da sua equipe com o planejamento estratégico da sua instituição. Para isso, realize atividades de capacitação, com valor agregado ao cliente, que traga benefícios claros e aplicabilidade possível.

Ainda, incentive seus funcionários a contribuir com as estratégias de melhoria contínua da sua escola, alinhando as tarefas rotineiras de cada setor aos objetivos gerais da sua escola.

1.4.4 ABORDAGEM DE PROCESSOS

1.4.4.1 O QUE É ISSO?

Ao apoiar processos que produzam resultados mais eficazes e eficientes para a sua escola, o gestor estará gerenciando, automaticamente, os seus recursos (financeiros e/ou humanos), como se fossem seus processos.

1.4.4.2 COMO FAÇO ISSO?

A função do gestor é definir e medir, com muito cuidado, cada processo e todas as derivações para atingir o maior desempenho possível, otimizando os recursos de cada um desses processos e, ainda, assegurando que os resultados esperados pela clientela tenham sido atendidos.

O controle de cada fase do processo, e não apenas os resultados, é essencial para correlacionar pontos-chave de cada etapa, utilizando medidas de resultados previamente combinados, as metas.

1.4.5 ABORDAGEM SISTÊMICA

1.4.5.1 O QUE É ISSO?

Não se assuste com as terminologias da ISO; elas estão citadas para que não fujamos das especificações técnicas e para que cada leitor possa familiarizar-se com os termos. Ao final de cada capítulo, nossos "ouvidos" estarão acostumados.

Aqui, indicamos que o gestor deverá identificar, entender e monitorar os processos que sejam relacionados em um mesmo sistema para atingirmos os objetivos traçados de maneira eficaz e eficiente.

1.4.5.2 COMO FAÇO ISSO?

Tente reconhecer as necessidades de coordenar e atar os processos-chave de sua escola, aqueles mais evidentes e primordiais.

Não se esqueça de verificar se as necessidades de seus clientes (alunos/pais/professores) estão sendo atendidas e valide não somente os processos que resultem no serviço oferecido (educação), mas inclua outros processos, como atendimento, recepção, capacitação etc.

1.4.6 MELHORIA CONTÍNUA

1.4.6.1 O QUE É ISSO?

O gestor deve fazer da melhoria contínua um objetivo permanente dentro da sua escola, buscando soluções e processos continuamente.

1.4.6.2 COMO FAÇO ISSO?

A principal ação é focar na melhoria dos processos, a fim de alcançar os resultados esperados pela instituição, fornecendo recursos para assegurar que as metas sejam alcançadas.

A escola deve desenvolver e realizar processos de ações corretivas e preventivas, de maneira contínua; assim, serão mantidas a eficácia e a eficiência do Sistema de Gestão da Qualidade.

1.4.7 ABORDAGEM FACTUAL

1.4.7.1 O QUE É ISSO?

O nome completo desse princípio, segundo a Norma 9001, é *Abordagem factual no processo de tomada de decisões*. Podemos notar a complexidade, mas isso nada mais é que fundamentar as decisões em uma análise lógica de dados e informações que são coletados durante o processo.

1.4.7.2 COMO FAÇO ISSO?

A escola deve enfocar dados como resultados de pesquisas com pais, alunos e professores; por exemplo, analisando desempenhos, propondo medidas corretivas e analisando as reclamações, a fim de melhorar a satisfação dos seus clientes/alunos/pais.

A observação de tendências de curto e longo prazo, bem como indicadores de desempenho, devem ser utilizados para aprimorar, de maneira contínua, o desempenho da sua escola.

1.4.8 BENEFÍCIOS MÚTUOS

1.4.8.1 O QUE É ISSO?

Vamos, novamente, ao nome completo do princípio: *Relacionamento com fornecedores mutuamente benéficos*; nada mais é que adicionar valor por meio de relacionamentos mútuos, com a sua clientela e com seus fornecedores, de forma benéfica. Vamos entender *fornecedores*, no caso das escolas, como sendo todos os colaboradores que agem no processo escolar: porteiros, secretaria, limpeza, apoio etc.

1.4.8.2 COMO FAÇO ISSO?

O gestor deve definir e documentar todos os requisitos/processos a serem cumpridos por esses fornecedores, avaliando a capacidade deles atingirem os objetivos.

1.5 IDENTIFICAÇÃO DE PROCESSOS

Você deve ter percebido que os princípios analisados citam constantemente "processos". Cabe uma pausa para que possamos aprofundar esse conceito, pois, quando começarmos a análise dos requisitos da Norma ISO 9001 e a montagem de nosso Sistema de Gestão da Qualidade, ele deverá estar muito claro para toda a equipe. Não faremos grandes conceituações nesse sentido; o que importa é a percepção do leitor e a capacidade de escrever e listar seus processos com a sua equipe.

Podemos começar dizendo que um processo é uma cadeia de atividades, com valores agregados, que resulta em um produto ou, no caso das escolas, em serviços sendo fornecidos aos clientes. Assim, fica evidente que um processo decorre da necessidade de atender a esses clientes. Essa necessidade é o *input* e o resultado atingido é o *output;* o que fica "no meio" seria o *processo.*

Para elucidação, podemos esquematizar alguns modelos de processos para que você utilize a montagem de seu Sistema de Gestão da Qualidade. Observe que os modelos estão atrelados e se complementam. Os processos devem ser da mesma forma: o *input* de um deverá ser o *output* de outro, e assim sucessivamente (Quadro 1.1).

Quadro 1.1 – Correlação entre *input* e *output* nos processos em escolas

Input	Output
Verificar a necessidade do aluno/pai.	A necessidade do aluno/pai é atendida.
A escola deverá expressar em requisitos as características do serviço solicitado.	A característica do resultado medido atende a todos os requisitos esperados pelo aluno.

Um passo importante na montagem de seu Sistema de Gestão da Qualidade, utilizando o método de abordagem de processos, é a identificação de cada um dos processos e subprocessos da sua escola, incluindo todos os níveis.

Basicamente, todos os processos obedecem à ordem de montagem ilustrada na Figura 1.2.

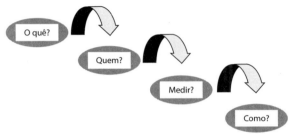

Figura 1.2 – Ordem de montagem dos processos.

1.6 MODELOS DE PROCESSOS

Um modelo é um método generalizado, descrevendo a sequência e as interações de ações relacionadas que geram um *output*. O modelo que queremos apresentar para a sua escola deverá ser possível de descrever o estado atual e futuro dos processos do seu Sistema de Gestão da Qualidade. Não desanime! Infelizmente, o uso de alguns termos e conceitos técnicos será necessário, para que possamos montar nosso programa de certificação em ISO.

E por que devemos adotar um modelo?

Um modelo de processo nos auxilia na compreensão de todos os processos do sistema de gestão e como acrescentam ou retiram os requisitos dos clientes. Assim, para que um modelo possa ser completamente útil, deve ser capaz de ilustrar, além das relações lineares, os concorrentes, os seus *inputs* e *outputs*.

Por meio do modelo adotado, a escola deve se permitir compreender a si mesma mais rapidamente e tornar seu processo mais claro e mais compreensível para seus clientes. Ou seja: a escola deve adotar um modelo que auxilie e explique o que ela faz e a quem ela serve.

Até aqui, vimos as definições, os conceitos e as terminologias mais utilizados na Norma ISO 9001 para a construção de nosso Sistema de Gestão da Qualidade.

1.7 APLICAÇÃO DA NORMA

Nosso propósito é facilitar a compreensão dos requisitos estabelecidos na Norma ISO 9001, a fim de implementar e manter o Sistema de Gestão da Qualidade em organizações educacionais, de todos os tipos e tamanhos.

É notório que a área educacional apresenta especificidades quanto à natureza de suas organizações e de seus serviços. Aqui, manteremos a utilização de termos e definições contidos na Norma, pois os requisitos da ISO 9001 são genéricos e aplicáveis a todas as organizações, sem levar em conta aspectos setoriais, dimensões ou serviços prestados. Também manteremos o texto da Norma ISO 9001 integralmente, em destaque, no início das cláusulas correspondentes, comentando-as em seguida.

Atente-se para todos os requisitos obrigatórios que são estabelecidos a qualquer organização que queira implementar, manter e melhorar seu Sistema de Gestão da Qualidade. O cumprimento integral desses requisitos é necessário para que a escola possa obter a certificação do seu Sistema de Gestão da Qualidade.

A certificação é um forte diferencial, mas uma organização educacional também obterá ganhos caso opte por implementar apenas parcialmente o conjunto de requisitos prescritos na sequência.

Outra condição que deve ser obedecida com rigor são os termos usados, principalmente quando o requisito usar "convém" ou "é conveniente", ou, ainda, "é recomendável" no lugar de "deve", pois o objetivo tanto da Norma quanto o nosso não é ser prescritivo, mas facilitar a compreensão dos requisitos estabelecidos.

Um fator que devemos destacar são as possíveis interpretações de caráter subjetivo, embora em consenso por especialistas, ou seja, uma organização educacional pode atender a um requisito segundo uma interpretação distinta daquela apresentada na Norma.

1.8 ABORDAGEM DE PROCESSO

Para uma organização educacional funcionar de maneira eficaz, ela tem de identificar e gerenciar diversas atividades interligadas. Uma atividade que usa recursos e que é gerenciada de forma a possibilitar a transformação de entradas em saídas pode ser considerada um processo. É quase regra que a saída de um processo seja a entrada para o processo seguinte.

Assim, a aplicação de um sistema de processos em uma escola, junto com a identificação, as interações desses processos e sua gestão, pode ser considerada uma *abordagem de processo*, cuja vantagem é o controle contínuo que ela permite sobre a ligação entre processos individuais dentro do sistema de processos, bem como sua combinação e sua interação.

Uma metodologia amplamente divulgada – e que citaremos muito rapidamente – é conhecida com *plan-do-check-act* ou, abreviando, PDCA:

- *Plan*: planejar, estabelecer os objetivos e os processos necessários para fornecer resultados de acordo com os requisitos do cliente/pai/aluno/professor e das políticas da organização.
- *Do*: fazer, implementar os processos necessários.
- *Check*: verificar, monitorar e medir processos e produtos em relação às políticas, aos objetivos e aos requisitos para o produto, e relatar resultados.
- *Act*: agir, fazer, executar as ações para promover continuamente a melhoria do desempenho do processo.

As organizações educacionais precisam definir os seus processos. Entre as principais entradas (*inputs*) dos processos, estão os requisitos dos clientes, que expressam suas necessidades ou expectativas em relação ao serviço educacional ofertado. Podemos citar alguns exemplos de requisitos de pais e alunos (clientes):

- desenvolvimento intelectual;
- qualificação profissional;
- desenvolvimento de competências;
- desenvolvimento e/ou aperfeiçoamento de habilidades específicas (artes, esportes, idiomas etc.);
- promoção da sociabilidade;
- desenvolvimento da cidadania etc.

Poderíamos continuar com uma lista infindável. Aqui cabe uma pausa para que você imagine os principais requisitos de seus alunos, pais e professores. Faça uma lista e troque ideias com seus colaboradores; assim poderemos caminhar com mais subsídios e buscar soluções conjuntas com a equipe.

Em uma organização educacional, pode ser considerado um processo o conjunto de atividades inter-relacionadas desde o projeto e o desenvolvimento de um serviço educacional até sua realização, incluindo todas as análises críticas e as demais avaliações dos envolvidos. São alguns exemplos de processos educacionais:

- educação infantil;
- ensino fundamental;
- ensino médio;
- educação de jovens e adultos;
- educação profissional técnica de nível médio;
- graduação;
- especialização (pós-graduação *lato sensu*);
- mestrado (pós-graduação *stricto sensu*);
- doutorado (pós-graduação *stricto sensu*);
- educação especial;
- curso de idiomas;
- cursos preparatórios;
- treinamento empresarial (corporativo).

Esses processos referem-se à atividade-fim da organização educacional e, por vezes, recebem a denominação de *processos de negócio* ou *processos finalísticos*.

Já os processos de apoio são os conjuntos de atividades inter-relacionadas que dão suporte aos principais processos da organização. Veja estes exemplos:

- desenvolvimento, revisão e atualização do plano institucional;
- desenvolvimento, revisão e atualização do projeto político-pedagógico;
- seleção e/ou admissão de educandos;
- acompanhamento psicopedagógico;
- expedição de documentos (diploma, certificado de conclusão, histórico, declaração, carteira de estudante etc.);
- atualização do acervo da biblioteca;
- capacitação de pessoal;
- aquisição de insumos;
- divulgação de cursos;
- controle financeiro (pagamento de mensalidades).

2

2.1 OBJETIVO E CAMPO DE APLICAÇÃO

2.1.1 GENERALIDADES

A Norma especifica requisitos para um Sistema de Gestão da Qualidade, quando uma organização:

a) necessita demonstrar sua capacidade para fornecer de forma coerente produtos que atendam aos requisitos do cliente e requisitos regulamentares aplicáveis, e

b) pretende aumentar a satisfação do cliente por meio da efetiva aplicação do sistema, incluindo processos para melhoria contínua do sistema e a garantia da conformidade com requisitos do cliente e requisitos regularmente aplicáveis.

A implementação de um Sistema de Gestão da Qualidade é uma decisão voluntária de uma organização educacional, a fim de atender às demandas externas (de alunos e pais, por exemplo) ou internas (professores, por exemplo).

2.1.2 APLICAÇÃO

Todos os requisitos da Norma ISO 9001 são genéricos e se pretende que sejam aplicáveis a todas as organizações, sem levar em consideração o tipo, tamanho e produto fornecido.

Para que a organização educacional possa reivindicar conformidade do seu Sistema de Gestão da Qualidade, poderá excluir itens relacionados na sessão 2.7 – Realização do produto desses enunciados. Contudo, as exclusões não podem afetar a capacidade ou a responsabilidade da organização educacional de oferecer serviços que atendam aos requisitos dos clientes e aos requisitos regularmente aplicáveis.

2.2 ORGANIZAÇÃO EDUCACIONAL

2.2.1 DEFINIÇÃO

Uma organização educacional pode ser uma pessoa jurídica ou apenas uma parte desta. A matriz, as filiais ou determinados segmentos podem ser definidos como uma organização educacional. Por exemplo, os departamentos de graduação e de pós-graduação podem ser entendidos como duas diferentes organizações de uma única instituição de educação superior (pessoa jurídica); ou seja, uma pessoa jurídica pode ser constituída por diversas organizações.

Exemplos de organizações educacionais:

- instituições educacionais de ensino regular (educação básica, superior, profissional, especial etc.);
- instituições educacionais de ensino paradidáticas (artes, esportes, idiomas, preparatórias para exames etc.);
- empresas, consultorias e outras entidades de formação inicial e continuada de trabalhadores ou especialistas.

2.2.2 SERVIÇO EDUCACIONAL

O serviço educacional é o produto que a organização educacional disponibiliza ao(s) seu(s) cliente(s). Uma organização educacional pode ter um ou vários serviços educacionais.

2.2.3 PROCESSO EDUCACIONAL

O processo educacional é um conjunto de atividades inter-relacionadas ou interativas que resulta em um serviço educacional.

2.2.4 CLIENTE

O cliente de uma organização educacional é a pessoa ou a organização que recebe um serviço educacional. Cada organização educacional possui um ou mais clientes.

São exemplos de clientes de uma organização educacional:

- educandos;
- pais ou responsáveis legais pelos educandos;
- empresas;
- órgãos públicos.

Uma organização educacional pode considerar, por exemplo, que o seu cliente é a pessoa e/ou organização com a qual estabelece uma relação contratual. Exemplos:

- uma escola de educação básica considera que os pais ou responsáveis pelos educandos são os seus clientes;
- uma empresa de consultoria considera como seu cliente a organização que a contratou para capacitar os seus colaboradores.

Em ambos os casos, os educandos são considerados os usuários finais.

2.2.5 PARTES INTERESSADAS

As partes interessadas de uma organização educacional podem ser os clientes externos (pais e educandos, por exemplo), o pessoal da organização educacional (alta direção, docentes e apoio administrativo, por exemplo), os fornecedores, a comunidade do entorno, a sociedade e outras organizações interessadas (entidades mantenedoras, por exemplo) no desempenho da organização educacional e na prestação de seus serviços.

2.2.6 EDUCAÇÃO

Na Norma ISO 9001, educação refere-se ao grau de escolarização. Exemplos: mestre em Educação; pós-graduado em Orientação Educacional; graduado em Licenciatura em Geografia; ensino médio completo; ensino fundamental incompleto.

A educação contribui para o pleno desenvolvimento humano e para o exercício da cidadania. Nos níveis mais avançados, também tem por objetivo a qualificação profissional.

2.3 SISTEMA DE GESTÃO DA QUALIDADE

> A organização deve estabelecer, documentar, implementar e manter um Sistema de Gestão da Qualidade e melhorar continuamente a sua eficácia de acordo com os requisitos da Norma ISO 9001.

A organização deve:

a) identificar os processos necessários para o Sistema de Gestão da Qualidade e sua aplicação por toda a organização;

b) determinar a sequência e a interação desses processos;

c) determinar critérios e métodos necessários para assegurar que a operação e o controle desses processos sejam eficazes;

d) assegurar a disponibilidade de recursos e informações necessárias para apoiar a operação e o monitoramento desses processos;

e) monitorar, medir e analisar esses processos;

f) implementar ações necessárias para atingir os resultados planejados e a melhoria contínua desses processos.

Convém que as organizações educacionais estabeleçam o relacionamento entre os processos que contribuem diretamente para o atendimento dos requisitos do cliente, ou seja, os que estão ligados à finalidade da organização.

Existem, também, os processos que dão suporte aos principais processos: identificação de necessidades de capacitação de pessoal da própria organização, aquisição de bens e serviços, serviço de informação aos educandos, entre outros.

É comum representar graficamente os processos por meio de fluxogramas de atividades (Capítulo 3), incluindo as responsabilidades pertinentes.

Outro aspecto a ser considerado é o estabelecimento de indicadores de desempenho para os processos, a definição de metas e a alocação dos recursos necessários para o seu monitoramento.

2.4 REQUISITOS DE DOCUMENTAÇÃO

2.4.1 GENERALIDADES

A documentação do Sistema de Gestão da Qualidade deve incluir:

a) declarações documentadas da política da qualidade e dos objetivos da qualidade;

b) manual da qualidade;

c) documentos necessários à organização para assegurar o planejamento, a operação e o controle eficazes de seus processos.

NOTA 1: Onde o termo "procedimento documentado" aparecer na Norma, significa que o procedimento é estabelecido, documentado, implementado e mantido.

Continua

Continuação

> NOTA 2: A abrangência da documentação do Sistema de Gestão da Qualidade pode diferir de uma organização educacional para outra, devido:
> a) ao tamanho da organização e ao tipo de atividade;
> b) à complexidade dos processos e suas interações;
> c) à competência do pessoal envolvido.
>
> NOTA 3: A documentação pode estar em qualquer forma ou tipo de meio de comunicação.

Os documentos necessários à organização educacional para assegurar a eficácia de seus processos podem descrever atividades ou processos específicos: matrícula de estudantes, controle de frequência, avaliação da satisfação de clientes, compra, projeto educacional, entre outros.

2.4.2 MANUAL DA QUALIDADE

> A organização deve estabelecer e manter um manual da qualidade que inclua:
> a) o escopo do Sistema de Gestão da Qualidade, incluindo detalhes e justificativas para quaisquer exclusões;
> b) os procedimentos documentados estabelecidos para o Sistema de Gestão da Qualidade, ou referência a eles;
> c) a descrição da interação entre os processos do Sistema de Gestão da Qualidade.

Convém que o manual da qualidade seja adequado às práticas e à cultura de cada organização.

Ele informa o escopo do sistema de gestão, ou seja, a sua abrangência. O escopo de uma instituição de educação superior, por exemplo, que atue tanto na graduação como na pós-graduação pode estabelecer um Sistema de Gestão da Qualidade que abranja somente os processos relacionados aos cursos de graduação. Assim, uma escola de ensino básico poderá estabelecer um sistema para o ensino fundamental II, somente. Posteriormente, o escopo poderá ser ampliado a outros níveis, mais ou menos altos. A definição do escopo depende dos objetivos e das prioridades da organização educacional.

Outra função do manual da qualidade é estabelecer como a organização educacional implementa os requisitos de gestão, incluindo as definições de autoridade e responsabilidade, bem como as interações entre as distintas funções da organização.

O manual da qualidade pode conter alguns ou todos os procedimentos do Sistema de Gestão da Qualidade; dependendo da complexidade da organização educacional, seus procedimentos podem constituir documentos distintos do manual da qualidade, porém referenciados neste.

2.4.3 CONTROLE DE DOCUMENTOS

Os documentos requeridos pelo Sistema de Gestão da Qualidade devem ser controlados.

Um procedimento documentado deve ser estabelecido para definir os controles necessários para:

a) aprovar documentos quanto à sua adequação, antes da sua emissão;

b) analisar criticamente e atualizar, quando necessário, e reaprovar documentos;

Continua

Continuação

c) assegurar que alterações e a situação da revisão atual dos documentos sejam identificadas;

d) assegurar que as versões pertinentes de documentos aplicáveis estejam disponíveis nos locais de uso;

e) assegurar que os documentos permaneçam legíveis e prontamente identificáveis;

f) assegurar que documentos de origem externa sejam identificados e que sua distribuição seja controlada;

g) evitar o uso não intencional de documentos obsoletos e aplicar identificação adequada nos casos em que forem retidos por qualquer propósito.

O propósito é assegurar que os documentos do Sistema de Gestão da Qualidade estejam atualizados e disponíveis para as pessoas responsáveis pela sua manutenção. Para isso, é recomendável que o procedimento do controle de documentação da organização educacional considere:

- a edição, a revisão e a aprovação dos documentos internos, incluindo sua identificação e seu *status* de revisão;
- os documentos externos, especialmente os exigidos pela legislação vigente.

Convém que o Sistema de Gestão da Qualidade de uma escola inclua a provisão da legislação vigente e descarte aquela que não esteja em vigência, bem como que as informações sobre livros-texto, textos suplementares, cadernos de exercícios e outros materiais para a aprendizagem sejam controlados e revisados periodicamente quando tratam de conteúdos que se tornaram obsoletos durante a execução do serviço educacional.

2.4.4 CONTROLE DE REGISTROS

> Os registros devem ser estabelecidos e mantidos para prover evidências da conformidade com requisitos e da operação eficaz do Sistema de Gestão da Qualidade. Registros devem ser mantidos legíveis, prontamente identificáveis e recuperáveis. Um procedimento documentado deve ser estabelecido para definir os controles necessários para identificação, armazenamento, proteção, recuperação e descarte dos registros.

São exemplos de registros específicos de uma organização educacional, que podem fazer parte do seu Sistema de Gestão da Qualidade:

- solicitação de matrícula;
- frequência do educando (lista de presença, diário de classe);
- desempenho do educando (diário de classe, boletim, histórico escolar);
- comprovante de conclusão de curso (declaração, certificado, diploma);
- controle de emissão de certificados e diplomas;
- reclamação do cliente;
- participação em atividade de pesquisa ou extensão;
- direito autoral e permissão para uso da informação.

Convém que a organização educacional tenha um procedimento para arquivamento de registros da qualidade que facilite a sua localização.

É de responsabilidade da organização educacional assegurar que os tempos de retenção e disponibilidade dos registros de uma organização educacional sejam definidos em conformidade com a legislação vigente, observando os princípios de proteção à privacidade, seja do educando, seja do educador.

2.5 RESPONSABILIDADE DA DIREÇÃO

2.5.1 COMPROMETIMENTO DA DIREÇÃO

A Alta Direção deve fornecer evidência do seu comprometimento com o desenvolvimento, com a implementação do Sistema de Gestão da Qualidade e com a melhoria contínua de sua eficácia mediante:

a) a comunicação à organização da importância em atender aos requisitos dos clientes, como também aos requisitos regulamentares e estatutários;

b) o estabelecimento da política de qualidade;

c) a garantia de que são estabelecidos os objetivos da qualidade;

d) a condução de análises críticas pela Alta Direção;

e) a garantia da disponibilidade de recursos.

A alta direção é constituída por uma pessoa ou por um grupo de pessoas que dirige a organização educacional no mais alto nível hierárquico. Somente quem possui autoridade para aprovar mudanças de processos, aplicações de recursos financeiros, alterações no quadro de pessoal e mudanças de tecnologias poderá conduzir o sistema de gestão de maneira eficaz e competente.

2.5.2 FOCO NO CLIENTE

A alta direção deve assegurar que os requisitos do cliente são determinados e atendidos com o propósito de aumentar a satisfação do cliente.

É responsabilidade da alta direção assegurar que as necessidades e as expectativas dos clientes (internos e externos) sejam compreendidas e atendidas. São fontes de informação relevante sobre os clientes da organização educacional:

- organizações educacionais de onde os educandos são egressos;
- organizações educações similares;
- organizações educacionais que receberão os egressos;
- empregadores atuais ou potenciais;
- organizações representativas dos setores ou das atividades, no caso de uma formação profissional;
- pesquisas de opinião ou censos demográficos;
- meios de comunicação em geral;
- diagnósticos setoriais para levantamento de necessidades de formação.

Convém que todas as informações obtidas sejam avaliadas e selecionadas, com o objetivo de auxiliar a alta direção na tomada de decisões para planejamento e desenvolvimento de serviços educacionais.

2.5.3 POLÍTICA DA QUALIDADE

A Alta Direção deve assegurar que a política de qualidade:

a) é apropriada ao propósito da organização;
b) inclui um comprometimento com o atendimento aos requisitos e com a melhoria contínua da eficácia do Sistema de Gestão da Qualidade;
c) proporciona uma estrutura para estabelecimento e análise crítica dos objetivos da qualidade;
d) é comunicada e entendida por toda a organização;
e) é analisada criticamente para manutenção de sua adequação.

Uma política da qualidade elaborada de acordo com as diretrizes e as estratégias globais da organização educacional contribui fortemente para o estabelecimento das necessidades e das expectativas dos clientes.

Convém que a política da qualidade seja documentada e que faça parte do manual da qualidade, bem como que a alta direção da organização educacional comunique por meio da sua política da qualidade:

- a melhoria necessária para a organização educacional ser bem-sucedida;
- o grau esperado ou desejado de satisfação do cliente;
- o desenvolvimento das pessoas da organização educacional;
- as necessidades e as expectativas das partes interessadas;
- o compromisso com a provisão dos recursos necessários para atender aos requisitos da ISO 9001;
- as potenciais contribuições de fornecedores e parceiros.

2.5.4 PLANEJAMENTO

2.5.4.1 OBJETIVOS DA QUALIDADE

A Alta Direção deve assegurar que os objetivos da qualidade, incluindo aqueles necessários para atender aos requisitos do produto são estabelecidos nas funções e nos níveis pertinentes da organização. Os objetivos da qualidade devem ser mensuráveis e coerentes com a política da qualidade.

Convém que a organização educacional implemente sua política da qualidade mediante o estabelecimento e o cumprimento dos objetivos da qualidade.

Certos objetivos da qualidade de uma organização educacional podem ser alcançados após alguns anos, pois o impacto de um serviço educacional não é percebido completamente logo após ser disponibilizado. Além disso, a velocidade das transformações nos campos científicos e tecnológicos, bem como das relações sociais, impacta os processos e resultados da escola. Por isso, é recomendável que a organização educacional estabeleça objetivos de curto, médio e longo prazos.

Ao estabelecer os objetivos da qualidade, convém que a organização educacional considere:

- as necessidades e as expectativas dos clientes e das demais partes interessadas;
- a avaliação dos resultados alcançados;
- a trajetória dos egressos.

Veja alguns exemplos de objetivos da qualidade de uma organização educacional associados às metas e aos prazos (Tabela 2.1):

Tabela 2.1 – Objetivos da qualidade de uma organização educacional associados às metas e aos prazos

Objetivo da qualidade	Meta	Prazo
Reduzir evasão	20% em relação ao índice de evasão do ano anterior	12 meses
Diminuir a inadimplência	De 6% (atual) para 4,5% (desejada)	18 meses
Elevar a proporção de mestres e doutores no corpo docente dos cursos de graduação	70% do corpo docente composto por mestres e doutores	5 anos
Reduzir o prazo para aquisição de serviços e insumos	30% em relação ao nosso prazo médio atual	10 meses
Aumentar o índice global de satisfação dos nossos clientes	De 65% (atual) para 80%	2 anos
Reduzir o tempo de resposta às reclamações dos clientes	De 10 dias (atuais) para 3 dias (média)	6 meses

Veja outros exemplos de objetivos de uma organização educacional associados a prazos (Tabela 2.2):

Tabela 2.2 – Objetivos de uma organização educacional associados a prazos

Objetivo	Prazos
Desenvolver e implementar novo curso de graduação: Licenciatura em Física	2 anos
Estender para a modalidade à distância os cursos de aperfeiçoamento para docentes do ensino fundamental	18 meses
Ampliar o atendimento da clientela com a implantação do ciclo do ensino fundamental I	2 anos

2.5.4.2 PLANEJAMENTO DO SISTEMA DE GESTÃO DA QUALIDADE

A alta direção deve assegurar que:

a) o planejamento do Sistema de Gestão da Qualidade é realizado de forma a satisfazer aos requisitos citados na Norma, bem como aos objetivos da qualidade;

b) a integridade do Sistema de Gestão da Qualidade é mantida quando mudanças no Sistema de Gestão da Qualidade são planejadas e implementadas.

Estabelecidos os objetivos da qualidade, é recomendável que a alta direção assuma a responsabilidade pela concretização dos objetivos por meio de um planejamento estruturado, que possa incluir planos de ação – diversificados com os responsáveis de cada etapa – e cronogramas que permitirão o acompanhamento da evolução de cada ação definida, bem como os critérios para avaliação da eficácia da ação planejada.

Convém que, como resultado do planejamento do Sistema de Gestão da Qualidade, a organização educacional defina os processos de realização do serviço educacional proposto e os de apoio em termos de:

- conhecimentos e habilidades necessários à organização educacional;
- responsabilidades e autoridades para a implementação de planos de melhoria de processo;
- recursos necessários, como financeiros e de infraestrutura;
- necessidades para a documentação, incluindo os registros;
- necessidades para a melhoria, incluindo métodos e ferramentas.

2.5.5 RESPONSABILIDADE, AUTORIDADE E COMUNICAÇÃO

2.5.5.1 RESPONSABILIDADE E AUTORIDADE

A Alta Direção deve assegurar que as responsabilidades e autoridades são definidas e comunicadas na organização.

É atribuição da alta direção assegurar que as responsabilidades e as autoridades sejam definidas e comunicadas às pessoas da organização educacional, docentes ou não, nos diferentes níveis hierárquicos, no que diz respeito ao Sistema de Gestão da Qualidade.

Convém que os mecanismos de comunicação utilizados sejam eficazes para que, em todos os níveis da organização, sejam conhecidas tais responsabilidades e autoridades. É recomendável informar mudanças de atribuições na organização o mais rapidamente possível.

2.5.5.2 REPRESENTANTE DA DIREÇÃO

> A Alta Direção deve indicar um membro da organização que, independentemente de outras responsabilidades, deve ter responsabilidade e autoridade para:
> a) assegurar que os processos necessários para o Sistema de Gestão da Qualidade sejam estabelecidos, implementados e mantidos;
> b) relatar à Alta Direção o desempenho do Sistema de Gestão da Qualidade e qualquer necessidade de melhoria;
> c) assegurar a promoção da conscientização sobre os requisitos do cliente em toda a organização.

Convém que o representante da direção, para exercer o seu papel com eficácia, tenha autoridade necessária para implantar, manter e melhorar o Sistema de Gestão da Qualidade, bem como que se reporte à alta direção e se comunique com os clientes e outras partes interessadas com relação aos assuntos pertinentes ao Sistema de Gestão da Qualidade.

É muito importante ressaltar que o representante da direção seja um membro da organização educacional. Portanto, consultores ou estagiários não podem exercer essa função.

2.5.5.3 COMUNICAÇÃO INTERNA

> A Alta Direção deve assegurar que são estabelecidos na organização os processos de comunicação apropriados e que seja realizada comunicação relativa à eficácia do Sistema de Gestão da Qualidade.

Convém que o processo de comunicação seja adequado à cultura da organização educacional e recomenda-se que a escola estabeleça um processo integrado de comunicação, ou seja, que considere todas as partes interessadas, não somente o pessoal da organização educacional e seus fornecedores, como também os seus clientes.

É conveniente que o processo de comunicação seja uma ferramenta para informar a política da qualidade, os objetivos, o monitoramento de indicadores, os resultados de auditorias e outras realizações da organização educacional, bem como que sejam estabelecidos processos de comunicação direta ou pelos diversos meios de comunicação disponíveis. São formas de comunicação direta:

- diálogos;
- reuniões, que podem ser formais ou informais, participativas ou somente informativas.

Quaisquer meios de comunicação podem ser estabelecidos, desde que sejam eficazes e considerem a diversidade, não somente os níveis hierárquicos, mas também outras características, como faixas etárias e níveis de escolaridade. São exemplos de meios de comunicação:

- mídia escrita, como murais, cartazes, jornais e revistas;
- mídia eletrônica, como correio eletrônico e páginas na internet;
- mídia radiofônica e televisiva;
- programas de ouvidoria (sugestões e reclamações, de fontes internas e externas).

Uma comunicação eficaz permite o planejamento e a tomada de ação para a efetiva melhoria dos processos de trabalho, bem como mantém o alinhamento e o foco em toda a organização educacional. Por isso, é recomendável realizar avaliações periódicas da eficácia do processo de comunicação. As organizações educacionais reconhecidas por oferecer serviços de alto nível utilizam meios transparentes e eficazes de comunicação com os seus clientes, o pessoal da própria organização, os fornecedores e a sociedade.

2.5.6 ANÁLISE CRÍTICA PELA DIREÇÃO

2.5.6.1 GENERALIDADES

A Alta Direção deve analisar criticamente o Sistema de Gestão da Qualidade da organização, a intervalos planejados, para assegurar sua contínua pertinência, adequação e eficácia. Essa análise crítica deve incluir a avaliação de oportunidades para melhoria e necessidade de mudanças no Sistema de Gestão da Qualidade, incluindo a política da qualidade e os objetivos da qualidade.

A periodicidade para se realizar a análise deve ser planejada de acordo com a natureza e a dinâmica da organização educacional. Organizações educacionais que ministrem cursos de curta duração podem, por exemplo, realizar a análise crítica trimestral ou semestralmente. No caso de cursos de maior duração, as análises críticas podem ser realizadas anualmente, por exemplo. Contudo, é recomendável que, nos primeiros ciclos do Sistema de Gestão da Qualidade, a análise crítica pela alta direção seja realizada em intervalos menores.

2.5.6.2 ENTRADAS PARA A ANÁLISE CRÍTICA

As entradas para análise crítica pela direção devem incluir informações sobre:
a) resultados das auditorias;
b) realimentação de clientes;
c) desempenho de processo e conformidade de produto;
d) situação das ações preventivas e corretivas;
e) acompanhamento das ações oriundas de análises críticas anteriores pela direção;

Continua

Continuação

> f) mudanças que possam afetar o Sistema de Gestão da Qualidade;
> g) recomendações para melhoria.

É recomendável que sejam disponibilizadas para a análise crítica pela alta direção: as informações coletadas nas auditorias; as sugestões e as reclamações de clientes; os relatórios de desempenho dos serviços educacionais; os resultados das ações corretivas e preventivas realizadas; e os resultados das ações planejadas nas reuniões de análise.

2.6 GESTÃO DE RECURSOS

2.6.1 RECURSOS HUMANOS

> O pessoal que executa atividades que afetam a qualidade do produto deve ser competente, com base em educação, treinamento, habilidade e experiência apropriados.

Os docentes, o pessoal técnico-administrativo, o pessoal das demais atividades de suporte e dos serviços contratados executam diferentes atividades com impactos distintos no desempenho do serviço educacional disponibilizado ao aluno. É recomendável que a organização educacional considere os diferentes papéis do seu pessoal no Sistema de Gestão da Qualidade para determinar as competências necessárias para cada um.

A elaboração do perfil profissional para os principais cargos da organização educacional pode se constituir em um documento de referência para a contratação de pessoal, bem como para o levantamento de necessidades de capacitação, por meio da comparação das competências necessárias com aquelas que estão disponíveis.

Convém que a organização educacional considere a velocidade das transformações nos campos científico-tecnológicos e das relações sociais no plano de capacitação para os docentes. É recomendável disponibilizar informações atualizadas e capacitação nos âmbitos geral e específico das áreas de atuação dos docentes. Convém, também, que a organização educacional assegure aos docentes o acesso aos meios de comunicação, seja em instalações próprias ou por meio de convênios com outras instituições.

Ainda, é recomendável o intercâmbio com docentes de outras organizações e pesquisadores para que se mantenham atualizados nas áreas de conhecimento implicadas. Para isso, é conveniente a participação dos docentes em eventos, como feiras, congressos e seminários.

É responsabilidade da organização educacional atentar para a capacitação de seu pessoal com base em educação, capacitação, habilidade e experiência.

Nota: aqui, usamos o termo *capacitação* (ou *evento de capacitação*) no lugar de *treinamento*, por ser mais apropriado às escolas.

2.6.2 COMPETÊNCIA, CONSCIENTIZAÇÃO E CAPACITAÇÃO

A organização deve:

a) determinar as competências necessárias para o pessoal que executa trabalhos que afetam a qualidade do produto;

b) fornecer capacitação ou tomar outras ações para satisfazer essas necessidades de competência;

Continua

Continuação

> c) avaliar a eficácia das ações executadas;
> d) assegurar que o seu pessoal está consciente quanto à pertinência e importância de suas atividades e de como elas contribuem para atingir os objetivos da qualidade;
> e) manter registros apropriados de educação, treinamento, habilidade e experiência.

Convém que a organização educacional defina o desenvolvimento das competências de seu pessoal em termos de educação, capacitação, habilidades e experiências, de modo que os requisitos do cliente possam ser atendidos e o Sistema de Gestão da Qualidade seja implementado, mantido e melhorado.

É conveniente que seja elaborado um plano de desenvolvimento de competência, conscientização e capacitação que estabeleça:

- objetivos;
- programas e métodos;
- recursos necessários;
- avaliação da satisfação pelos participantes;
- avaliação da aprendizagem dos participantes;
- avaliação do impacto na melhoria do Sistema de Gestão da Qualidade (ou seja, avaliação da eficácia);
- manutenção de registros individuais sobre educação, treinamento, habilidade e experiência (inclusive anteriores ao ingresso na organização educacional), além de comprovantes de participação e aproveitamento, como listas de presença e cópias de certificados.

Convém que a organização educacional estabeleça um quadro com os requisitos mínimos de educação, capacitação, habilidade e experiência como ponto de partida para a elaboração do plano de desenvolvimento de competência, conscientização e capacitação.

No Quadro 2.1, apresentamos um exemplo a ser utilizado, com requisitos mínimos de educação, capacitação, habilidade e experiência.

Quadro 2.1 – Exemplo de quadro com requisitos mínimos de educação, capacitação, habilidade e experiência

Função	Educação	Capacitação	Habilidade	Experiência
Alta direção	Licenciatura em Pedagogia	Gestão Educacional (8 horas)	- Cortesia - Liderança - Organização - Trabalho em equipe	2 anos de docência na instituição
Representante da direção	Graduação em Pedagogia ou Licenciatura	Auditor interno de Sistema de Gestão da Qualidade (24 horas)	- Didática - Liderança - Organização - Trabalho em equipe - Informática básica	1 ano de docência ou apoio pedagógico na instituição
Apoio administrativo	Ensino médio completo	Palestra (3 horas)	- Cortesia - Organização - Trabalho em equipe - Informática básica	Sem experiência prévia
Apoio pedagógico	Licenciatura em Pedagogia com especialização em Orientação (ou Supervisão) Pedagógica	Palestra (3 horas)	- Cortesia - Organização - Trabalho em equipe - Informática básica	Sem experiência prévia
Coordenação de disciplina	Graduação em Licenciatura	Palestra (3 horas)	- Liderança - Trabalho em equipe - Informática básica	2 anos de docência na instituição
Docentes	Graduação em Licenciatura	Palestra (3 horas)	- Cortesia - Didática - Informática	Sem experiência prévia
Serviços gerais	Ensino fundamental incompleto	Palestra (3 horas)	- Cortesia - Organização - Informática básica	Sem experiência prévia

Determinados os requisitos mínimos, é recomendável que a organização educacional estabeleça as competências que queira alcançar (em termos de educação, habilidade, experiência e, principalmente, capacitação) em um determinado período (semestral ou anual, como exemplo) e compare com as competências disponíveis na organização.

É conveniente que se estabeleça a programação dos eventos que possibilitarão desenvolver as competências que a organização ainda não dispõe, mas deseja alcançar.

Os eventos de capacitação (cursos, palestras, seminários etc.) e a comunicação interna contribuem significativamente para a conscientização quanto à contribuição individual do pessoal da organização educacional, a fim de alcançar os objetivos da qualidade.

2.6.3 INFRAESTRUTURA

A organização deve determinar, prover e manter a infraestrutura necessária para alcançar a conformidade com os requisitos do produto. A infraestrutura inclui, quando aplicável:

a) edifícios, espaço de trabalho e instalações associadas;

b) equipamentos de processo (tanto materiais e equipamentos quanto programas de computador);

c) serviços de apoio (como transporte e comunicação).

Além dos requisitos legais e regulamentares, cabe às organizações educacionais determinar, prover e manter a infraestrutura necessária para a realização do serviço educacional, considerando as necessidades e as expectativas das partes interessadas. Para isso, é recomendável identificar, planejar e atender às demandas de infraestrutura em termos de objetivos, desempenho, manutenção, segurança e custos.

Convém que a infraestrutura permita o desenvolvimento dos processos de ensino-aprendizagem e convivência social. É recomendável que as instalações, os equipamentos e os materiais sejam compatíveis com as atividades educacionais em termos de segurança, higiene e ergonomia. Convém, também, que a organização educacional considere os requisitos de acessibilidade para portadores de necessidades especiais.

A infraestrutura de uma organização educacional pode incluir, entre outras coisas:

- salas de aula, dependências administrativas, bibliotecas, laboratórios, ambientes de prática profissional supervisionada (núcleos de prática jurídica, por exemplo), dependências sanitárias, cozinhas, cantinas, áreas de lazer, quadras de esportes, espaços de convivência, ambientes de estudo para os educandos, salas para professores, espaços para agremiações (profissionais e estudantis), entre outras instalações prediais;
- livros e periódicos, recursos audiovisuais, equipamentos de informática, programas de computador, equipamentos laboratoriais, entre outros equipamentos de processo;
- serviços de transporte, comunicação, suporte administrativo, limpeza, alimentação, manutenção, segurança, saúde, entre outros serviços de apoio.

2.6.4 AMBIENTE DE TRABALHO

> A organização deve determinar e gerenciar as condições do ambiente de trabalho necessárias para alcançar a conformidade com os requisitos do produto.

O ambiente de trabalho é uma combinação de aspectos físicos e psicossociais importantes para os processos educacionais.

Em uma organização educacional, as instalações são geralmente compartilhadas pelo pessoal da própria organização e pelos usuários finais, os educandos.

Convém considerar alguns aspectos para que o pessoal possa desenvolver adequadamente seus papéis na organização educacional:

- responsabilidade e autoridade;
- competência;
- reconhecimento pela organização;
- ambiente físico.

É conveniente que a organização educacional pratique, como formas de reconhecimento, salários, benefícios, planos de carreira e modalidades de contratação compatíveis com o mercado em que está inserida, em conformidade com a legislação vigente e que atendam aos requisitos das demais partes interessadas.

É conveniente que as instalações para os processos educacionais sejam estabelecidas considerando o conforto para o pessoal da organização educacional, os educandos e os visitantes, em termos de leiaute, mobiliário, iluminação, acústica e climatização, por exemplo.

2.7 REALIZAÇÃO DO PRODUTO

2.7.1 PLANEJAMENTO DA REALIZAÇÃO DO PRODUTO

> A organização deve planejar e desenvolver os processos necessários para a realização do produto. O planejamento da realização do produto deve ser coerente com os requisitos de outros processos do Sistema de Gestão da Qualidade. Ao planejar a realização do produto, a organização deve determinar o seguinte, quando necessário:
> a) objetivos da qualidade e requisitos para o produto;
> b) a necessidade de estabelecer processos e documentos e prover recursos específicos para o produto;
> c) verificação, validação, monitoramento, inspeção e atividades de ensaio requeridos, específicos para o produto, bem como os critérios para a aceitação do produto;
> d) registros necessários para fornecer evidência de que os processos de realização e o produto resultante atendem os requisitos.

Ao planejar a realização do serviço educacional, convém que a organização educacional determine:
- os requisitos relacionados ao serviço educacional;
- os processos necessários para transformar os requisitos em serviço educacional, ou seja, os processos que compõem um macroprocesso;
- os documentos necessários para descrever os processos;
- os métodos de avaliação dos processos;

- os critérios de aceitação para iniciar a realização de uma nova etapa ou processo;
- os registros que evidenciem o cumprimento das etapas da realização do serviço educacional.

2.7.2 COMUNICAÇÃO COM O CLIENTE

A organização deve determinar e tomar providências eficazes para se comunicar com os clientes em relação a:
a) informações sobre o produto;
b) tratamento de consultas, contratos ou pedidos, incluindo emendas;
c) realimentação do cliente, incluindo suas reclamações.

Convém que o processo de comunicação seja adequado à cultura da organização educacional. É recomendável que a organização educacional estabeleça um processo integrado de comunicação, ou seja, que considere todas as partes interessadas, não somente os clientes, como também o pessoal da organização educacional e seus fornecedores.

É conveniente que o cliente seja informado a respeito da missão da organização educacional, sua política da qualidade e seus serviços. É recomendável explicitar as normas de conduta e as demais responsabilidades de ambos, incluindo o atendimento aos requisitos legais.

Um processo eficaz de comunicação permite ao cliente identificar o perfil da organização educacional e as características essenciais de seus serviços, como o PPP (projeto político-pedagógico) e os cursos oferecidos, seus objetivos e programas.

São exemplos de expectativas dos clientes quanto à comunicação: as informações gerais sobre o serviço educacional (local, horários, duração etc.); as despesas e as condições de pagamento (quando aplicáveis); a organização didático-pedagógica (os objetivos e os conteúdos programáticos); o perfil do corpo docente; os métodos de avaliação; a quantidade de alunos por turma; os pré-requisitos; e a infraestrutura, especialmente as salas de aula, de laboratórios, as bibliotecas etc.

É conveniente que as informações quanto aos requisitos para a utilização dos serviços sejam sistematizadas em catálogos, manuais, regulamentos e contratos escritos; que a organização educacional considere que toda a divulgação seja coerente com os serviços educacionais que pretende prestar e que a organização educacional estabeleça métodos para atender aos pedidos de informação e receba, analise e responda às sugestões e reclamações. Para isso, é recomendável estabelecer registros e procedimentos para o recebimento de críticas e reclamações, bem como para a comunicação das ações tomadas, especialmente aquelas que, após sua execução, eliminaram as causas dos problemas, evitando a reincidência.

A comunicação com o cliente se realiza interna e externamente à organização educacional. O cliente da organização educacional recebe o serviço em estreito relacionamento com a organização que lhe provê o serviço, tornando-se, ao mesmo tempo, um coparticipante do processo educacional. É recomendável, portanto, que os educandos tornem-se cogestores dos processos educacionais.

Podemos repetir os mesmos conceitos aplicados na comunicação interna; assim, convém estabelecer processos de comunicação direta ou pelos diversos meios de comunicação disponíveis. São formas de comunicação direta:

- diálogos;
- reuniões, que podem ser formais ou informais, participativas ou somente informativas.

Quaisquer meios de comunicação podem ser estabelecidos, desde que sejam eficazes e considerem a diversidade, não somente os níveis hierárquicos, mas também outras características, como faixas etárias e níveis de escolaridade. São exemplos de meios de comunicação:

- mídia escrita, como murais, cartazes, jornais e revistas;
- mídia eletrônica, como correio eletrônico e páginas na internet;
- mídia radiofônica e televisiva;
- programas de ouvidoria (sugestões e reclamações, de fontes internas e externas).

Uma comunicação eficaz permite o planejamento e a tomada de ação para a efetiva melhoria dos processos de trabalho, bem como mantém o alinhamento e o foco em toda a organização educacional; por isso, é recomendável realizar avaliações periódicas da eficácia do processo de comunicação. As organizações educacionais reconhecidas por oferecer serviços de alto nível utilizam meios transparentes e eficazes de comunicação com os seus clientes, com o pessoal da própria organização, com os fornecedores e com a sociedade.

2.7.3 PROJETO E DESENVOLVIMENTO

2.7.3.1 PLANEJAMENTO DO PROJETO E DESENVOLVIMENTO

A organização deve planejar e controlar o projeto e desenvolvimento de produto, determinando:
a) os estágios do projeto e desenvolvimento;
b) a análise crítica, verificação e validação que sejam apropriadas para cada fase do projeto e desenvolvimento;
c) as responsabilidades e autoridades para projeto e desenvolvimento.

Projeto e desenvolvimento do serviço educacional são o conjunto de processos de transformação dos requisitos em especificações para a realização do serviço educacional.

Uma fonte a ser considerada na elaboração de um projeto de curso é a Classificação Brasileira de Ocupações, cujo conteúdo apresenta a descrição das ocupações profissionais, elaborada com a participação de diversos segmentos da sociedade.

Como exemplo, podemos tomar o projeto de curso para formação de um técnico em telecomunicações, que deve apresentar como conteúdo os elementos necessários para se obter o perfil do profissional desejado para essa profissão. É recomendável que o planejamento de um projeto de curso considere, entre tantas coisas:

- a justificativa, com dados de viabilidade e caracterização do campo de atuação profissional;
- os requisitos de acesso, por exemplo, idade mínima, escolaridade, experiência e aprovação em processos seletivos, quando pertinente;
- o perfil profissional de conclusão (as competências esperadas ao final do curso);
- a organização curricular do curso, em termos de disciplinas, carga horária, sequência de conteúdos, entre outros aspectos;
- o desenvolvimento metodológico, com ênfase nas práticas pedagógicas, na atuação do docente, na avaliação dos educandos e em outros aspectos do processo de ensino-aprendizagem;
- a ementa de conteúdos e a bibliografia básica;
- os critérios de avaliação do curso;
- a caracterização do ambiente de ensino em termos de instalações e equipamentos;
- o perfil dos docentes, dos técnicos e do pessoal administrativo.

É conveniente que a organização educacional compare o projeto atual ao projeto de outros serviços educacionais já prestados.

2.7.3.2 ENTRADAS E SAÍDAS DE PROJETOS DE DESENVOLVIMENTO

As entradas de projeto e desenvolvimento referem-se a dados e informações que, analisados previamente, permitem à organização educacional desenvolver um serviço capaz de atender os requisitos formulados pelos clientes. São exemplos de entradas: a legislação educacional e outras pertinentes, o perfil de saída especificado junto ao cliente em termos de competência, os diagnósticos setoriais realizados para identificar carências educacionais etc.

Já as saídas do projeto e desenvolvimento são as características que deverão ser executadas por aqueles que realizarão o serviço educacional, especialmente os docentes. São exemplos de saídas: projeto de curso, plano de curso, projeto de ambientes e listas de materiais, elementos curriculares, critérios de seleção ou aprovação etc.

2.7.3.3 VERIFICAÇÃO, VALIDAÇÃO E CONTROLE DE PROJETO DE DESENVOLVIMENTO

Convém que o projeto de um serviço educacional seja aprovado por todas as partes competentes antes de ser oferecido ao cliente. As partes competentes podem ser tanto aquelas envolvidas no projeto e no desenvolvimento (gestão de pessoas, coordenação pedagógica, gestão financeira etc.) quanto aquelas da realização (corpo docente, suporte administrativo etc.)

A importância da validação de projeto e desenvolvimento está em prestar um serviço educacional em conformidade com os requisitos legais, do cliente e das demais partes interessadas. Por isso, é recomendável que a organização educacional avalie e implemente a participação das partes interessadas na validação de projeto e desenvolvimento.

É conveniente que a organização educacional cumpra a validação de projeto e desenvolvimento antes do término da prestação do serviço educacional, de modo a atender aos requisitos dos clientes, e que as alterações de projeto sejam comunicadas ao pessoal pertinente para avaliar os seus efeitos e tomar as decisões e ações cabíveis.

2.7.4 PRODUÇÃO E FORNECIMENTO DE SERVIÇO

2.7.4.1 CONTROLE DE PRODUÇÃO E FORNECIMENTO DE SERVIÇO

A organização deve planejar e realizar a produção e o fornecimento de serviço sob condições controladas, que devem incluir:

a) a disponibilidade de informações que descrevam as características do produto;

b) a disponibilidade de instruções de trabalho, quando necessário;

c) o uso de equipamentos adequados;

d) a disponibilidade e uso de dispositivos para monitoramento e medição;

e) a implementação de medição e monitoramento;

f) a implementação da liberação, entrega e atividades pós-entrega.

Convém estabelecer objetivos parciais e finais a serem verificados na realização do serviço educacional. Como a organização educacional presta um serviço, há aspectos a serem controlados antes de o cliente receber o serviço e outros que somente podem ser controlados na disponibilização ao cliente. Os materiais necessários para uma aula (canetas de quadro, apagador, materiais impressos, funcionamento dos recursos audiovisuais, vídeos educativos, condições ambientais, instalações, mobiliário etc.) podem ser verificados antes da sua realização, por exemplo. Contudo, o cumprimento dos objetivos pedagógicos somente pode ser verificado na realização da aula.

A avaliação do rendimento escolar de alunos durante o curso, as avaliações de final de curso para verificar se o perfil desejado foi alcançado e as avaliações de desempenho no mercado de trabalho são exemplos de avaliação do serviço educacional.

2.7.4.2 PROPRIEDADE DO CLIENTE

> A organização deve ter cuidado com a propriedade do cliente enquanto estiver sob o controle da organização ou sendo usada por ela. A organização deve identificar, verificar, proteger e salvaguardar a propriedade do cliente fornecida para uso ou incorporação no produto. Se qualquer propriedade do cliente for perdida, danificada ou considerada inadequada para uso, isso deve ser informado ao cliente e devem ser mantidos registros.
>
> Nota: Propriedade do cliente pode incluir propriedade intelectual.

É responsabilidade da organização educacional zelar pela preservação de equipamentos e pela confidencialidade de informações que o cliente tenha disponibilizado para a realização do serviço educacional.

Convém que a organização educacional estabeleça com os educandos a responsabilidade das partes com relação aos materiais de propriedade deles e a utilização de suas informações pessoais e de seu rendimento acadêmico, bem como o acesso do educando aos documentos de rendimento acadêmico (provas e demais avaliações corrigidas, boletins, históricos, certificados, diplomas etc.) e demais documentos pessoais confiados à organização educacional (cópias de documentos de identificação pessoal do educando ou da sua família, diplomas, certificados e históricos de outras instituições educacionais de onde o educando é egresso).

É conveniente que a organização atente para evitar o uso vexatório de informação de caráter negativo sobre o educando, como inadimplência e baixo rendimento acadêmico, e cuide da preservação da integridade do educando enquanto este estiver em suas instalações. É recomendável estabelecer procedimentos para atendimento dos educandos em caso de acidente ou problema de saúde.

2.7.4.3 CONTROLE DE DISPOSITIVOS DE MEDIÇÃO E MONITORAMENTO

Convém que a organização educacional que utiliza equipamentos de inspeção, medição e ensaios que necessitem de calibração estabeleça métodos para garantir a confiabilidade das medições.

São exemplos de organizações educacionais em que os requisitos podem ser aplicados: as escolas técnicas, as faculdades e os institutos de pesquisa científica e tecnológica nas áreas de ensino industrial e de saúde.

2.8 MEDIÇÃO, ANÁLISE E MELHORIA

2.8.1 GENERALIDADES

Convém que a organização educacional defina os métodos para obter as informações relevantes para a melhoria do Sistema de Gestão da Qualidade. É recomendável que as informações obtidas sejam utilizadas principalmente para a melhoria do processo de ensino-aprendizagem.

Também é conveniente que os processos de monitoramento, medição, análise e melhoria da prestação dos serviços educacionais sigam os seguintes passos:

- decidir quais são as informações necessárias;
- observar e fazer levantamentos de dados quantitativos ou qualitativos;
- converter as informações em conhecimento.

2.8.2 MEDIÇÃO E MONITORAMENTO

2.8.2.1 SATISFAÇÃO DO CLIENTE

> Como uma das medições do desempenho do Sistema de Gestão da Qualidade, a organização deve monitorar informações relativas à percepção do cliente sobre se a organização atendeu aos requisitos do cliente. Os métodos para obtenção e uso dessas informações devem ser determinados.

Diversos métodos podem ser aplicados para monitorar a satisfação do cliente, bem como para identificar suas necessidades futuras. É recomendável que o método seja adequado ao tipo esperado de respostas. Um questionário de percepção ou de reclamação, por exemplo, não permite uma compreensão mais detalhada das necessidades e das expectativas do cliente. A utilização de vários métodos combinados pode ser mais eficaz. No Quadro 2.2, são relacionados alguns métodos e suas possibilidades; contudo, convém que outros métodos sejam analisados em razão dos resultados desejados.

Quadro 2.2 – Exemplos de métodos e suas possibilidades

Método	Descrição	Comentários
Observação direta	Observação do cliente ao usufruir do serviço	Ver como e por que o serviço é usado. Eficaz para serviços bem definidos em áreas geográficas determinadas com população pesquisada definida.
Grupos de foco	Atividade de medição de grupos cujos membros discutem valores importantes para eles	Eficaz para finalidades razoavelmente específicas e questões em que uma pequena amostra de uma grande população é considerada adequada. No entanto, existe certa diversidade de necessidades e percepções.
Entrevistas pessoais	Conversas pessoais dirigidas	Eficaz para investigação detalhada em que é aceitável uma amostra limitada ou há bastante tempo disponível.
Entrevistas por telefone	Entrevistas programadas e estruturadas por telefone	Eficaz para investigação em profundidade quando é necessária uma amostra grande e quando há limitações de tempo e acesso.
Pesquisas escritas	Perguntas estruturadas por escrito	Eficaz para grande volume de respostas sobre questões bem definidas. Útil para monitoração contínua, diversidade geográfica.
Grupos de usuários	Discussões com mediação sobre valores por usuários (ou não usuários) selecionados, realizadas regularmente por um período prolongado.	Eficaz para investigação em profundidade, estabelecimento de relacionamentos para aumentar a franqueza do *feedback* e da monitoração contínua.

Convém que a organização educacional estabeleça e documente indicadores de satisfação dos clientes. É recomendável que o monitoramento dos indicadores esteja baseado em evidências objetivas (registros, por exemplo).

É conveniente que os resultados sobre a satisfação sejam comunicados às partes interessadas; assim, recomenda-se:

- descrever os indicadores utilizados para avaliar a satisfação dos clientes;
- descrever os métodos empregados e a periodicidade para a obtenção dos indicadores de satisfação do cliente;
- indicar como a organização educacional avalia e melhora continuamente os sistemas de indicadores utilizados e os métodos para determinar a satisfação dos clientes;
- tratar estatisticamente as informações;
- comparar as informações obtidas com as de outras organizações educacionais que são referências no segmento.

São exemplos de requisitos que podem ser monitorados e avaliados:

- atendimento às reclamações;
- atendimento pelo pessoal administrativo;
- práticas docentes;
- eficácia dos conteúdos programáticos e seu cumprimento;
- adequação das metodologias de aprendizagem;
- eficácia dos métodos de avaliação da aprendizagem;
- eficácia dos materiais bibliográficos;
- eficácia dos espaços paradidáticos (bibliotecas, laboratórios, quadras esportivas etc.);
- acesso dos portadores de necessidades especiais às instalações, aos móveis e aos equipamentos;
- conforto, segurança, higiene e ergonomia das instalações, dos móveis e dos equipamentos;
- eficácia dos processos de comunicação;
- formas de pagamento de mensalidades e outras taxas.

Tabela 2.3 – Exemplos de tabela de indicadores

Indicadores		Periodicidade	Responsável
Enunciado	**Fórmula**		
SPB – índice de satisfação do público em relação à biblioteca (%)	$SPB = \dfrac{NT1}{NT} \times 100$ NT1 = N° de "bons" + "ótimos" NT = N° de "precisa melhorar" + "regular" + "bons" + "ótimos"	Trimestral	Biblioteca
SPS – índice de satisfação do público em relação à secretaria (%)	$SPS = \dfrac{NT1}{NT} \times 100$ NT1 = N° de "bons" + "ótimos" NT = N° de "precisa melhorar" + "regular" + "bons" + "ótimos	Trimestral	Secretaria
SPT – índice de satisfação do público em relação à tesouraria (%)	$SPT = \dfrac{NT1}{NT} \times 100$ NT1 = N° de "bons" + "ótimos" NT = N° de "precisa melhorar" + "regular" + "bons" + "ótimos	Trimestral	Tesouraria
SED – índice de satisfação do educando em relação ao corpo docente (%)	$SED = \dfrac{NT1}{NT} \times 100$ NT1 = N° de "bons" + "ótimos" NT = N° de "precisa melhorar" + "regular" + "bons" + "ótimos	Trimestral	Alta direção

Continua

Continuação

Indicadores		Periodicidade	Responsável
Enunciado	**Fórmula**		
PEF – índice de permanência no ensino fundamental (%)	NT_1 $CEF = \text{-------} \times 100$ NT $NT_1 = N^{\circ}$ de alunos do 9º ano do EF que fizeram o 1º ano do EF na escola $NT = N^{\circ}$ de alunos do 9º ano do EF	Anual	Alta direção
PEM – índice de permanência no ensino médio (%)	NT_1 $CEM = \text{-------} \times 100$ NT $NT_1 = N^{\circ}$ de alunos do 3º ano do EM que fizeram a 1º ano do EM na escola $NT = N^{\circ}$ de alunos do 3º ano do EM	Anual	Alta direção
SR – índice de satisfação do responsável (%)	NT_1 $SR = \text{-------} \times 100$ NT $NT_1 = N^{\circ}$ de "bons" + "ótimos" $NT = N^{\circ}$ de "precisa melhorar" + "regular" + "bons" + "ótimos	Anual	Alta direção

2.8.2.2 AUDITORIA INTERNA

A auditoria interna é um processo sistemático, independente e documentado para obter evidências e avaliar objetivamente o cumprimento dos requisitos estabelecidos na Norma ISO 9001:2008 e na documentação do próprio Sistema de Gestão da Qualidade. As evidências podem ser obtidas nos registros, nas declarações ou em qualquer outra fonte de informação relevante.

As auditorias internas podem ser executadas por pessoal próprio ou externo, desde que os auditores internos não auditem atividades que sejam de sua responsabilidade. Portanto, é recomendável que a organização educacional possua pessoal competente para auditar o seu Sistema de Gestão da Qualidade.

A auditoria interna pode ser parcial ou total. A periodicidade está relacionada à extensão do sistema de gestão, à quantidade e à complexidade dos processos envolvidos e do comprometimento da alta direção com a melhoria contínua. É recomendável que o prazo máximo entre duas auditorias de um mesmo processo seja de 12 meses.

Convém que todos os processos do Sistema de Gestão da Qualidade sejam auditados dentro do ano corrente e que as auditorias internas incluam no seu escopo o PPP, os serviços educacionais, o processo de ensino-aprendizagem, os métodos de ensino, outros processos educacionais e o desempenho do Sistema de Gestão da Qualidade.

2.8.2.3 MEDIÇÃO E MONITORAMENTO DE PROCESSOS

Convém que as informações do monitoramento e da medição dos processos sejam utilizadas na gestão da organização educacional, com vistas à melhoria contínua, e que a organização educacional mantenha o monitoramento e a medição, por meio de indicadores dos processos do Sistema de Gestão da Qualidade; por exemplo:

- capacitação de pessoas;
- planejamento da realização do serviço educacional;
- processos relacionados a clientes;
- projeto e desenvolvimento do serviço educacional;
- aquisições;
- prestação do serviço educacional.

2.8.3 MELHORIAS

2.8.3.1 MELHORIA CONTÍNUA

A organização deve continuamente melhorar a eficácia do Sistema de Gestão da Qualidade por meio do uso da política da qualidade, objetivos da qualidade, resultados de auditorias, análise de dados, ações corretivas e preventivas e análise crítica pela direção.

Convém que a organização educacional, no esforço de melhoria contínua, busque meios para acompanhar o avanço tecnológico, técnico e científico; envolva as partes interessadas, especialmente os docentes e os educandos, na cultura da melhoria contínua, em que todos são encorajados a identificar oportunidades de melhoria; e estabeleça uma metodologia para definir referenciais comparativos, tanto com organizações educacionais que ofereçam serviços similares como com organizações de outro tipo para aspectos passíveis de serem apropriados pela organização educacional; por exemplo: aspectos administrativos (gestão de pessoas, de contratos etc.).

2.8.3.2 AÇÃO CORRETIVA E PREVENTIVA

Quando a organização educacional perceber uma não conformidade apontada por auditorias, pesquisas e outras no seu Sistema de Gestão da Qualidade, convém que se execute uma ação corretiva apropriada à dimensão da não conformidade, a fim de evitar a utilização desnecessária de recursos da organização educacional. É recomendável que o planejamento e a análise crítica das ações corretivas considerem o impacto das ações na satisfação dos clientes e das demais partes interessadas no desempenho do serviço educacional.

Temos de tomar cuidado com as não conformidades potenciais, ou seja, um evento que ainda não ocorreu, que poderá comprometer o cumprimento de um dos requisitos do Sistema de Gestão da Qualidade, caso as suas causas não sejam eliminadas.

3

3.1 QUANTIDADE ADEQUADA DE DOCUMENTAÇÃO

A ISO 9001 é bastante específica quanto à necessidade de documentação suficiente para demonstrar que os requisitos da Norma foram atendidos. Assim, as organizações educacionais devem assegurar que esses requisitos de documentação continuem a ser seguidos. Neste livro, trataremos da formação de auditores internos, que terão a incumbência de descobrir em que pontos a documentação exigida não está sendo atendida; esse processo é conhecido como *análise de lacuna*.

A cada descoberta de uma análise de lacuna, deve-se criar uma ação corretiva para atender por completo aos requisitos de documentação e para assegurar que essa lacuna não ocorra novamente.

A organização educacional deve esforçar-se para evitar a documentação excessiva que não agrega e não é exigida pela Norma.

Os objetivos são: otimizar o nível de documentação para um nível apropriado às necessidades da organização e reduzir de maneira constante a documentação na medida em que a necessidade dessa documentação diminui.

Aqui, cabe uma retomada de conceito que apontamos no início deste livro: *a implantação de um Sistema de Gestão da Qualidade, com base na Norma ISO 9001, não configura um acúmulo de burocracias documentais.*

Leve em consideração que, na organização educacional, há necessidade de:

- que a produção de serviços educacionais seja consistente e organizada, e em conformidade a todos os requisitos do cliente;
- prevenir todas as falhas nos serviços educacionais e/ou administrativos e de reduzir a variação e o desperdício em toda a cadeia de processos;
- pessoal competente em todos os níveis da organização educacional;
- controles consistentes de processos, práticas de trabalho padronizadas, equipamentos de produção adequados, aparelhos de medição confiáveis e medidas padronizadas de desempenho do sistema;
- a direção responsabiliza-se diretamente pela gestão estratégica e tática do negócio;
- de uma cultura de aperfeiçoamento com contribuição direta de todos os funcionários da organização, desde a direção até os menos qualificados da administração e do apoio.

3.2 A DIFERENÇA ENTRE DOCUMENTOS E REGISTROS

A Norma ISO 9001 considera, resumidamente, as seguintes definições:

3.2.1 DOCUMENTOS

São causais e geralmente consistem de documentação permanente que descreve ou define sistemas, processos, procedimentos e produtos. Documentos são, em geral, os atualmente existentes, mas podem tornar-se registros quando não estiverem mais atualizados ou tiverem sido utilizados (um formulário de matrícula é, normalmente, um documento até que seja preenchido, então se torna um registro do que foi incluído no formulário).

3.2.2 REGISTROS

Fornecem evidências atuais e históricas de atividades conduzidas. São relatórios dos resultados alcançados ou das evidências de atividades realizadas num dado momento.

3.3 MANUAL DA QUALIDADE EM ORGANIZAÇÕES EDUCACIONAIS

O manual da qualidade é o nível máximo do sistema de documentação de sua organização educacional. Normalmente expressa a política e o comprometimento da organização com a satisfação do cliente, no entanto, esses itens podem ser cobertos num documento distinto.

Deve incluir e cobrir as fronteiras (escopos) da escola, bem como incluir detalhes de todas as exclusões que você esteja alegando com relação aos requisitos da Norma. Ele pode ser utilizado para fornecer o índice da documentação, incluindo os procedimentos organizacionais e, se apropriado, as instruções de serviços.

O corpo do manual da qualidade deve incluir os procedimentos exigidos pela Norma ou fazer referência onde elas podem ser encontradas. Seu principal objetivo é auxiliar na compreensão de seu Sistema de Gestão da Qualidade e no claro entendimento de quais são os processos de sua organização educacional, e como eles interagem e se relacionam entre si por meio de uma descrição textual ou de mapa de processos.

Podemos considerar que o manual da qualidade é como uma visão de mil metros de altitude de sua escola e do propósito da sua atuação.

3.3.1 PREPARANDO PROCEDIMENTOS DE QUALIDADE

Procedimentos são documentos que definem quem, o quê, quando e onde as políticas são executadas. Normalmente escritos pelos donos dos processos, eles descrevem as atividades que realizam o *output* do processo e sua relação com as operações da organização como um todo. Muito provavelmente você participará da preparação de seus procedimentos e/ou instruções de serviços.

3.3.2 DESCRIÇÃO DE PROCEDIMENTO DA QUALIDADE

- *Objetivo*: propósito do procedimento.
- *Escopo*: o que o procedimento cobre e o que não cobre.
- *Responsabilidades*: quem (por cargo) é responsável por tarefas ou ações específicas.

- *Referências*: a todos os documentos cobertos sob o procedimento.
- *Definições*: de termos ou abreviaturas-chave.
- *Procedimentos*: descrição das ações ou tarefas a serem realizadas, por quem e em qual sequência.
- *Documentação*: quais documentações e registros são necessários.

Vamos agora começar a escrita do manual da qualidade para esse processo. Acompanhe as sugestões:

- Seja sucinto e simplifique. Não documente em excesso.
- Crie um fluxograma do processo, caso apropriado. Utilize amplamente gráficos e tabelas.
- Utilize um formato padronizado.
- Tenha o público em sua mente.
- Faça que o significado fique bastante claro, solicite que outra pessoa leia e lhe explique o que entendeu.
- Escreva pensando na tarefa e não em uma pessoa: documentos são escritos para ajudar os funcionários a executarem suas tarefas de maneira eficiente e consistente.
- Solicite ajuda do usuário para escrever a documentação.

Para cada tarefa, defina:

- o responsável por garantir que ela seja executada;
- as normas a serem cumpridas/critérios de conclusão;
- os recursos necessários;
- os registros que serão mantidos;
- o que fazer se a tarefa não funcionar.

Observação: Teste previamente os procedimentos. Faça que aqueles que os utilizarão os testem e forneçam os pareceres.

3.3.3 PREPARANDO INSTRUÇÕES DE SERVIÇOS

Já tratamos de uma instrução de serviço destinado à mecanografia de uma escola. Podemos observar as rotas, desde a entrada dos originais, os prazos internos e os possíveis desvios de prazos até a finalização com a devolutiva a professores/coordenação/supervisão.

Para que todos tomem ciência do processo, é preciso que se faça uma instrução de serviço que descreve como este é executado, que é geralmente escrita por operadores e assistentes de documentação. Você provavelmente descobrirá que já possui instruções para muitas de suas principais operações. O que precisamos fazer é estruturá-las e torná-las um requisito do cliente (no caso, interno).

Observe que o *output* dessa instrução, ou seja, a devolutiva das cópias solicitadas, seja o *input* de uma nova instrução de serviços; por exemplo, a retirada das cópias pelos auxiliares de classe para encaminhamento aos professores.

Da mesma forma, o *input* da instrução da mecanografia (entrada dos originais) foi o *output* da instrução de criação de originais (provas, por exemplo) da supervisão pedagógica.

Portanto, o início de uma instrução de serviço é sempre o final de outro e vice-versa. Ainda, podemos diminuir os erros e os prazos, pois, como cada fluxograma contempla seus prazos e, se porventura, o responsável pelo *input* aceitar a entrada fora do prazo, o seu departamento terá de arcar com as demandas e a diminuição dos prazos; caso contrário, estará "contaminando" o prazo seguinte.

Algumas dicas para escrever as instruções de serviços são:
- comece com as atuais instruções de serviços escritas;
- utilize uma abordagem de equipe na preparação das instruções;
- verifique se as instruções atuais descrevem a atividade presente, senão, corrija-as imediatamente;

- determine se as práticas atuais são satisfatórias ou se um processo de melhoria da qualidade deverá ser seguido;
- adote a prática aprimorada, se necessário;
- complete um diagrama, um fluxograma ou um mapa de processos das operações, por mais complexas que sejam;
- comece o aprimoramento e a avaliação das instruções de serviços;
- verifique se as instruções de serviço estão sendo seguidas à medida que o serviço é executado;
- utilize instruções de serviços como base para treinamento e capacitações.

3.3.4 DESENVOLVENDO O FLUXOGRAMA DE UM PROCESSO

O desenvolvimento de um fluxograma permite que a sua escola identifique o real fluxo ou a sequência de eventos em um processo que um produto ou serviço segue. Um fluxograma auxilia a revelar complexidades não esperadas no processo, permitindo que você compreenda os passos reais do processo e, depois, trabalhe a fim de identificar oportunidades de melhoria em que dados adicionais possam ser coletados e investigados.

3.3.4.1 COMO FAZEMOS ISSO?

A) Determine os limites do processo:
- defina claramente o início e o fim (escopo) do processo;
- determine o nível de detalhe necessário para compreender claramente o processo e identifique áreas problemáticas.

B) Determine os passos no processo:
- faça um *brainstorming* de uma lista de todas as principais atividades, *inputs*, *outputs* e decisões do início e do final do processo.

C) Sequencie os passos dos processos:

- organize os passos na ordem em que são executados;
- a menos que estiver desenvolvendo o fluxograma de um novo processo, sequencie o que é, não o que deveria *ser*;
- procure quais atividades são sequenciais e simultâneas; isso determina o fluxo correto.

D) Desenhe o fluxograma utilizando símbolos adequados:

- seja simples e consistente em relação à quantidade de detalhes apresentados;
- rotule cada passo do processo, utilizando palavras que todos entendam.

E) Teste a abrangência do fluxograma:

- se os símbolos foram utilizados corretamente;
- se os passos do processo são identificados com clareza;
- assegure que cada alça (*loop*) de *feedback* esteja fechado;
- verifique se cada ponto de continuação possui um ponto correspondente em outro local;
- utilize somente uma seta saindo de um quadro de atividade, se houver mais de uma seta, você precisará adicionar um diamante (losango) de decisão;
- valide o fluxograma com as pessoas que executam as ações do processo.

F) Finalize o fluxograma verificando:

- se o processo está sendo executado da maneira como deveria ser;
- se as pessoas estão seguindo o processo conforme o diagrama;
- se existem complexidades ou redundâncias óbvias que podem ser reduzidas ou eliminadas;
- quão diferente o processo atual está do ideal, desenhe um fluxograma ideal e compare os dois, a fim de identificar discrepâncias e oportunidades de melhoria.

Quadro 3.1 – Símbolos de fluxograma

Símbolo	Representa	Detalhe/exemplo
	Início/Fim *Input/Output*	Solicitação de proposta. Solicitação para nova contratação. Matéria-prima.
	Tarefa, ação, ponto de execução	Realize uma reunião. Faça uma ligação. Execute o solicitado.
Não ⟵ ? ⟶ Sim ↓	Ponto de decisão	Sim/Não. Aceito/Rejeitado. Passou/Não Passou. Atendeu/Não atendeu.
	Documento	Preencha um relatório ou um formulário. Solicitação de trabalho/serviço. Minutas de reuniões.
	Sombra significa fluxograma adicional para essa tarefa	Não há subtarefas para esse estudo de tarefa principal. Subtarefas não incluídas em razão da limitação de espaço.
	Atraso	Esperando por serviço. Relatório parado numa mesa.
	Continuação	Vá para outra página. Vá para outra parte do fluxograma.
⟶	Seta	Mostra a direção ou o fluxo dos passos do processo.

3.3.5 INSTRUÇÕES DE TRABALHO

Para todo processo, devemos elaborar um fluxograma de trabalho (veja a seguir dois exemplos comentados). Para cada processo, também elaboramos uma instrução de trabalho.

A ideia é a de que qualquer pessoa que tenha acesso ao fluxograma e a instrução de trabalho possa elaborar o requisito necessário para que o processo se complete. Em uma maneira exagerada, podemos dizer que, se a alta direção resolvesse demitir todos os seus colaboradores e, no dia seguinte, contratasse novos funcionários, sem conhecimento de como funciona a sua escola, por meio da leitura dos fluxogramas e da instrução de trabalho, eles saberiam dar andamento aos processos. Simples? Nem tanto, é lógico! Mas serve para entendermos as necessidades para a elaboração.

Dessa forma, torna-se claro que todo fluxograma e toda instrução de trabalho devem ser feitos com base nos requisitos ideais e não nos que estão sendo executados nem como as pessoas atuais executam. O processo é da organização educacional, e não dos responsáveis, naquele momento.

Na Figura 3.1, mostraremos um modelo de fluxograma para a mecanografia (reprodução de originais) e, na sequência, um modelo para que se possa entender uma instrução de trabalho.

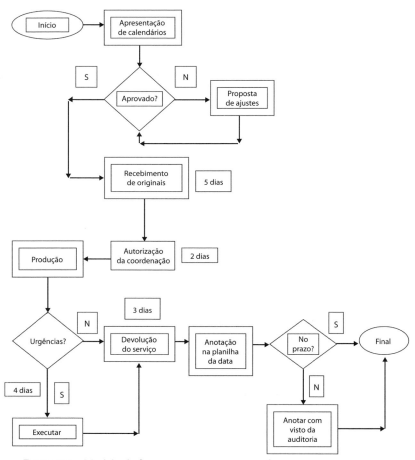

FIGURA 3.1 – Modelo de fluxograma para mecanografia.

3.3.5.1 MODELO DE INSTRUÇÕES DE TRABALHO

ESCOLA ALFA

Instrução de trabalho – mecanografia

1 Objetivo
2 Áreas ou processos
3 Registros
4 Procedimentos associados
5 Formulários associados
6 Definições
7 Responsabilidades
8 Ferramentas e equipamentos
9 Exigências de segurança
10 Instruções

Revisão Nº	Item	Natureza da alteração	Data	Autorizado por

Revisado por: professor Adalberto Souza (diretor-executivo)
Depto: Diretoria
Aprovado por: professora Kátia Lima
Cargo: diretora-geral

1 Objetivo

1.1 Coloque aqui qual o motivo de estar sendo feita esta instrução de trabalho.

1.2 Inicie sempre com a frase: "O objetivo deste documento é fornecer instruções para..."

1.3 Seja bem específico na definição do objetivo do documento.

Sugestão: Essa instrução de trabalho foi elaborada para o setor de mecanografia da Escola Alfa. O principal objetivo é fornecer instruções e estabelecer a rotina, os prazos e as possíveis demandas no departamento, para evitar atrasos na entrega e na devolução de documentos variados, como circulares, provas, boletins e outros. Essa instrução destina-se a todos os colaboradores que utilizam o serviço de mecanografia da Escola Alfa.

2 Áreas ou processos

2.1 Defina a(s) área(s) ou o(s) processo(s) ao(s) qual(is) se aplica(m) a instrução de trabalho.

Sugestão: A instrução de trabalho da mecanografia deverá ser obedecida por todos os departamentos que utilizam a reprodução de documentos em suas atividades e deverá ser obedecida, integralmente, por todas as hierarquias.

3 Registros

3.1 Indique os tipos específicos de registros a serem preenchidos e mantidos, e onde eles serão guardados.

Sugestão: Para efeito de entrada (*input*) de documentos, é necessário o preenchimento de autorização da coordenação (modelo XYZ) e estar no prazo estabelecido em calendário divulgado a cada bimestre. A entrega de documentos (devolução) reproduzidos será feita mediante assinatura de recibo de entrega (modelo ABC), disponível na mecanografia. Os documentos de entrada/saída serão mantidos arquivados no departamento de mecanografia, pelo prazo de um ano, com cópia para o setor de coordenação.

4 Procedimentos associados

4.1 Relacione os procedimentos gerenciais pelos quais a instrução de trabalho é controlada, se houver essa relação de controle.

Sugestão: O departamento de mecanografia está ligado, diretamente, à coordenação de área, portanto, qualquer solicitação de aumento/diminuição de prazos, alteração de processos e outros deverão ser autorizados pela Coordenação pelo documento próprio (modelo CDE). Caso ocorra uma situação de emergência para a reprodução de documentos (como circulares emergenciais), e fora do prazo normal, deverá ser autorizada pela coordenação (modelo RST).

5 Formulários funcionais e documentos

5.1 Relacione os formulários que devem ser utilizados junto com a instrução de trabalho, bem como outros registros ou documentos.

Sugestões

Documento XYZ: destinado à entrada de documentos para a mecanografia.

Documento CDE: destinado à alteração de prazos e/ou procedimentos solicitados pela coordenação.

Documento RST: destinado a situações de emergência e deverá ser solicitado pela coordenação.

6 Definições

6.1 Dê a definição de termos que são específicos da instrução de trabalho ou da área em particular, para que o texto seja compreensível para todos.

Sugestões

Originais: documentos que são entregues para a mecanografia e estão na versão oficial produzida pelo setor.

Cópias: são reproduções, na quantidade solicitada, dos documentos originais entregues na mecanografia.

Emergências: são situações que ocorrem de maneira casual, como circulares urgentes.

7 Responsabilidades

7.1 Faça uma lista de departamentos ou funções que são responsáveis pela utilização da instrução de trabalho.

7.2 É também interessante indicar quem (qual função) é responsável por mantê-la atualizada.

Sugestão: O departamento de mecanografia está vinculado aos seguintes departamentos:

Direção-executiva e geral: as instruções e alterações são enviadas e autorizadas pela direção-executiva.

Supervisão: as instruções e alterações são enviadas pela supervisora-chefe de departamento.

Coordenação pedagógica: as instruções e as alterações são enviadas pela coordenação de cada área disciplinar.

Secretaria escolar: as instruções e alterações são enviadas pela Secretaria titular.

8 Ferramentas e equipamentos

8.1 Listar somente as ferramentas e equipamentos especiais, bem como maquinários específicos que são utilizados para executar o trabalho descrito pela instrução de trabalho.

Sugestão: Os serviços de reprodução, na mecanografia, são executados por máquinas do tipo XXX, com controle do número de cópias e destinação. Caso seja necessário o uso de outro modelo de reprodução, este deverá ser comunicado pela coordenação.

9 Exigências de segurança

9.1 Faça a lista das precauções de segurança que são necessárias e que o funcionário deva seguir, e quais os equipamentos de segurança que devem ser utilizados na execução das operações específicas da instrução de trabalho para proteger a integridade física e a saúde.

Sugestão: Todo colaborador que trabalha na mecanografia deverá utilizar óculos de segurança, luvas de látex, touca para cabelos e botas de solado de borracha. Na possibilidade de equipamento que apresente defeito, o colaborador deverá informar ao seu superior para que seja chamada a assistência técnica específica.

O controle de estoque de papéis é feito pelo superior imediato e toda abertura de novos pacotes deverá ser comunicada. Ao final do expediente, o colaborador deverá preencher planilha de produção para aferição de resultados esperados.

10 Instruções

10.1 Aqui deverão ser descritos todos os passos a serem cumpridos, a fim de completar o objetivo da instrução de trabalho.

10.2 As instruções de trabalho podem ser apresentadas em:

10.2.1 Fluxograma.

10.2.2 Instruções com marcadores.

10.2.3 Texto.

10.2.4 Fotos.

10.2.5 Imagens digitalizadas.

10.2.6 Instruções numeradas.

10.2.7 Ou quaisquer combinações desses exemplos, contanto que a instrução de trabalho seja clara, direta e transmita exatamente como se deve executar o trabalho.

Nota

Assim fica claro para todos os departamentos como o requisito do cliente (interno) é trabalhado e como os processos atingem a conformidade. Na hipótese de uma das etapas não ser cumprida, ou ser cumprida, mas de maneira adversa ao apresentado, teremos uma não conformidade, que deverá ser apontada pelo auditor para correção.

Ainda quando o processo descrito na instrução de trabalho não está sendo atingido ou traz dificuldades na execução, deverá ser feita uma alteração de processo (melhoria contínua).

Observe na Figura 3.2 um novo modelo de fluxograma elaborado para a ação da Coordenação Pedagógica. Com ajuda do roteiro que acabamos de apresentar, procure elaborar uma instrução de trabalho.

ISO 9001 em ambientes educacionais | 91

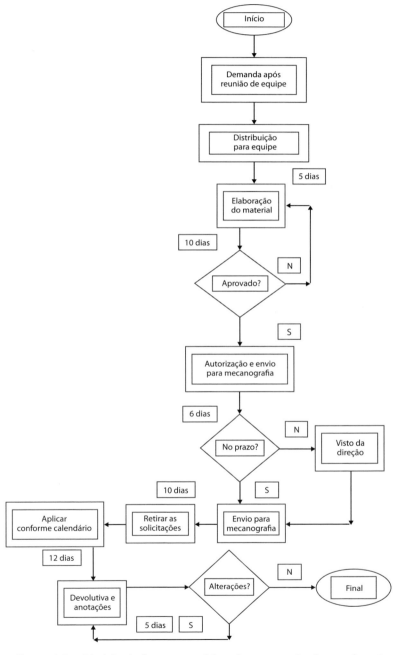

Figura 3.2 – Modelo de fluxograma elaborado para a ação da coordenação pedagógica.

3.3.6 MODELO DE MANUAL DA QUALIDADE

A construção de um manual da qualidade de sua organização educacional exigirá esforços concentrados e enormes de toda a equipe. Você já percebeu que cada departamento deverá elaborar fluxogramas e instruções de trabalhos próprios. Também já comentamos que cada fluxograma e cada instrução de trabalho deverão levar em conta os requisitos dos clientes, as expectativas, os controles e as divulgações de resultados alcançados ou não.

A ISO 9001 pretende padronizar esses processos e permitir ao seu cliente clareza nas ações de sua escola, e, mais, baseada em padrões aceitos internacionalmente.

O manual da qualidade é um instrumento único que dará diretrizes a toda organização para cumprir metas, prazos e ações, bem como respeitar os requisitos esperados tanto pelos clientes internos (professores, direção e colaboradores) quanto pelos clientes externos (alunos, pais e comunidade).

A organização educacional que tem declaradas as suas normas de qualidade não estará sujeita a surpresas desagradáveis de seus clientes que esperam uma ação e não possuem respostas às demandas.

No exemplo a seguir, pretendemos fornecer um modelo de manual da qualidade aceito pelas certificadoras. Observe que nem todos os itens deverão ser utilizados pela sua escola, pois dependerá do tamanho, das necessidades de certificação (pois, como já dissemos, a escola poderá criar processos de qualidade por departamento e por etapas) e da velocidade com que a organização pretende a qualificação.

Um manual da qualidade poderá sofrer tantas correções quanto necessárias, quando percebidas. Um cuidado é essencial: que os departamentos envolvidos sejam comunicados, assim como os clientes; portanto, antes de adotar os processos, faça todos os testes possíveis e converse com as equipes envolvidas para as correções antes da publicação. Quanto menos se altera o manual, maiores serão a credibilidade e a seriedade da organização educacional perante a sua clientela.

ESCOLA ALFA

Manual do Sistema de Gestão da Qualidade
Baseado na Norma ISO 9001

Aprovação
José Alberto (diretor-executivo)
Carlos Ferdes (diretor-geral)
Antonia Clarice (supervisora pedagógica)
Fabio Neto (mantenedor)

Aprovação final

José de Souza
Inspetor

Souza José
Delegado

Índice geral do manual da qualidade

Item geral	Item da norma	Assunto	Página
		Capa	XXXX
		Aprovação	XXXX
Introdução ao manual da qualidade		Índice geral do manual da qualidade	XXXX
		Introdução	XXXX
		Valores da organização	XXXX
		Organograma geral	XXXX
Seção 1	1.1	Escopo do Sistema de Gestão da Qualidade	XXXX
Seção 2	2.1	Referências ao Sistema de Gestão da Qualidade	XXXX

Continua

Continuação

Item geral	Item da norma	Assunto	Página
Seção 3	3.1	Definições do Sistema de Gestão da Qualidade	XXXX
Seção 4	4.1	Requisitos gerais	XXXX
	4.2	Requisitos da documentação	XXXX
Seção 5	5.1	Comprometimento da direção	XXXX
	5.2	Foco no cliente	XXXX
	5.3	Política da qualidade	XXXX
	5.4	Planejamento	XXXX
	5.5	Responsabilidade, autoridade e comunicação	XXXX
	5.6	Análise crítica da direção	XXXX
Seção 6	6.1	Provisão de recursos	XXXX
	6.2	Recursos humanos	XXXX
	6.3	Infraestrutura	XXXX
	6.4	Ambiente de trabalho	XXXX
Seção 7	7.1	Planejamento da realização do serviço	XXXX
	7.2	Processos relacionados a clientes	XXXX
	7.3	Projeto e desenvolvimento	XXXX
	7.4	Aquisição	XXXX
	7.5	Produção e fornecimentos de serviço	XXXX
	7.6	Controle de dispositivos de medição e monitoramento	XXXX
Seção 8	8.1	Geral	XXXX
	8.2	Medição e monitoramento	XXXX
	8.3	Controle de produto não conforme	XXXX
	8.4	Análise de dados	XXXX
	8.5	Melhoria	XXXX
Anexos		Fluxograma de processos da Escola Alfa	XXXX
		Procedimentos gerenciais aplicados na Escola Alfa	XXXX
		Formulários funcionais aplicados na Escola Alfa	XXXX

Introdução

A Escola Alfa é comprometida em produzir o melhor programa pedagógico da região em que atua. Nós nos esforçamos em obter um serviço de alta qualidade por meio da utilização de excelentes materiais de apoio pedagógico, um rigoroso controle de qualidade e professores e funcionários altamente capacitados para o acompanhamento do processo de ensino-aprendizagem.

Com nossa unidade no Estado de São Paulo, nós estamos aptos a servir o mercado educacional nos níveis de educação infantil, ensinos fundamentais I e II e ensino médio, com conhecimento avançado de nossos supervisores e coordenadores. Nós oferecemos alta qualidade e material digital de apoio aos alunos, exigidos pelos pais e responsáveis de hoje.

Carlos Ferdes
Diretor-Geral

Valores da organização

Histórico

A Escola Alfa foi fundada em outubro de 2001, atuando no mercado educacional. Tem sua sede no Bairro da Penha, no município de São Paulo, no Estado de São Paulo.

Visando à qualidade de seus produtos e serviços, a Escola Alfa optou pela adoção do Sistema de Gestão da Qualidade definido pela Norma ISO 9001.

Missão da Escola

A Escola Alfa tem como missão desenvolver sistemas educacionais e de aprendizagem para a formação integral de seus alunos, de modo a ser referência nacional do setor, em termos de qualidade e formação integral de seus educandos.

Visão da Escola

Acreditamos que com qualidade podemos crescer de modo permanente e sustentável, em um mercado tão competitivo como o nosso, o que nos permitirá cumprir nosso papel junto à comunidade. A valorização de nossos colaboradores constitui marco fundamental para a consecução de nossos objetivos estratégicos, razão pela qual investimos em capacitação contínua e investimentos na área tecnológica. A nossa busca permanente por melhor qualidade está fundamentada em nossa crença em que "a educação transforma o mundo"

Política da Escola

A Escola Alfa é uma empresa comprometida em produzir o melhor processo ensino-aprendizagem. Nós nos esforçamos em obter um resultado de alta qualidade com utilização de excelentes sistemas de avaliação contínua, um rigoroso controle de qualidade e funcionários e professores altamente capacitados.

Com nossa unidade no estado de São Paulo, nós estamos aptos a servir o mercado educacional, por meio do conhecimento avançado de nossos supervisores, coordenadores, diretores e professores.

Organograma da Escola Alfa

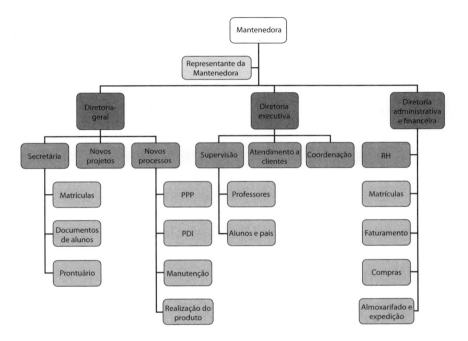

Seção 1
ESCOPO

1.1 Geral

Este manual da qualidade apresenta as políticas, os requisitos do Sistema de Gestão da Qualidade da Escola Alfa, e faz referência aos seus procedimentos gerenciais e formulários funcionais.

O Sistema está estruturado em conformidade com as condições estabelecidas pela Norma ISO 9001.

O Sistema de Gestão da Qualidade desenvolvido e implementado na Escola Alfa aplica-se às seguintes atividades:
a) educação básica nos níveis infantil, fundamental e médio;
b) desenvolvimento de cursos para área de Educação.

Os procedimentos gerenciais e os formulários funcionais monitoram, medem e analisam os processos descritos, definem as ações necessárias para atingir os resultados esperados e dão base para a adoção de melhoria contínua.

1.2 Aplicação

A Escola Alfa determinou que os todos os requisitos da Norma ISO 9001 se aplicam às operações da organização, sem qualquer exclusão.

Seção 2
REFERÊNCIA NORMATIVA

2.1 Referências ao Sistema de Gestão da Qualidade

Os documentos a seguir foram utilizados como referência durante o desenvolvimento do Sistema de Gestão da Qualidade:
a) ISO 9001 – Sistema de Gestão da Qualidade – Requisitos.

Seção 3
DEFINIÇÕES

3.1 Definições do Sistema de Gestão da Qualidade

Itens de propriedade do cliente
Qualquer tipo de documentação, acessórios, manuais, livros, material pedagógico e digital, bem como respectivas criações para impressão e uso pela Escola Alfa.

Produto fornecido pelos clientes

Qualquer tipo de serviços ou material fornecido para ser utilizado no processo de ensino aprendizagem, modificação ou complementação de material pedagógico; por exemplo, a Escola Alfa não trabalha com apostilas e/ou livros editados sem a nossa logomarca.

Produto

Educação integral, resultado do acompanhamento pedagógico e atendimento de todos os termos e condições do contrato de prestação de serviços educacionais e outros.

Registros da qualidade

As atividades para as quais devem ser mantidos registros devem ser especificadas nos documentos de nível de procedimento gerencial ou instrução de trabalho, conforme aplicável.

Seção 4
REQUISITOS DO SISTEMA

4.1 Requisitos gerais

A Escola Alfa criou, documentou e implantou um Sistema de Gestão da Qualidade de acordo com os requisitos da norma ISO 9001.

O sistema é mantido e continuamente melhorado por meio da utilização da política da qualidade, objetivos da qualidade, resultados de auditorias, análise dos dados, ações corretivas e preventivas e reuniões de análise crítica pela alta direção e mantenedoria.

Para criar e implantar o Sistema de Gestão da Qualidade a Escola Alfa:

a) identificou os processos necessários ao Sistema de Gestão da Qualidade e sua aplicação por toda a organização, e os documentou no fluxograma de processos, o qual se encontra no final desta seção do manual da qualidade;
b) determinou a sequência e a interação desses processos e os ilustrou no fluxograma de processos;
c) determinou critérios e métodos necessários para garantir que a operação e o controle dos processos sejam eficazes e os documentou nos planos da qualidade, procedimentos gerenciais e na tabela de medição, monitoramento e análise;
d) garantiu a contínua disponibilidade dos recursos e informações necessários para se atingir os resultados planejados e a melhoria contínua desses processos;
e) criou sistemas para monitorar, medir e analisar esses processos;
f) criou processos para identificar e implementar ações necessárias para se atingir os resultados planejados e a melhora contínua desses processos;
g) a Escola Alfa gerencia esses processos de acordo com os requisitos da norma ISO 9001;
h) os processos que a Escola Alfa decidiu terceirizar, e que podem afetar a conformidade do produto, têm seu controle garantido por ela mesma, o controle de tais processos é identificado com o Sistema de Gestão da Qualidade.

4.2 Requisitos de documentação

4.2.1 Geral

A documentação do Sistema de Gestão da Qualidade inclui:
a) uma política da qualidade documentada;
b) objetivos da qualidade documentados;

c) este manual de qualidade;
d) procedimentos gerenciais documentados;
e) formulários funcionais documentados;
f) documentos apresentados sempre que necessários para que haja um planejamento, operação e controle eficaz de nossos processos;
g) registros da qualidade.

4.2.2 Manual da qualidade

Este manual da qualidade foi preparado para descrever o Sistema de Gestão da Qualidade da Escola Alfa. O escopo e as exceções admissíveis do Sistema de Gestão da Qualidade são descritos na "seção 1" deste manual.

Cada seção do manual faz referência a procedimentos gerenciais documentados do Sistema de Gestão da Qualidade relacionados aos requisitos descritos naquela seção. O fluxograma de processos, apresentado no final desta seção do manual, fornece uma descrição da interação entre os processos do Sistema de Gestão da Qualidade.

4.2.3 Controle de documentos

Todos os documentos do Sistema de Gestão da Qualidade são controlados de acordo com o *Procedimento gerencial de controle de documentos*. Esse procedimento define o processo de:
a) aprovação da adequação dos documentos antes de sua emissão;
b) revisão e atualização conforme necessário, e reaprovação dos documentos;
c) garantia de que as alterações e a situação da revisão atual dos documentos sejam identificados;
d) garantia de que versões pertinentes dos documentos aplicáveis estejam disponíveis nos locais de uso;

e) garantia de que os documentos de origem externa sejam identificados, e sua distribuição seja controlada;

f) prevenção do uso inadvertido de documentos obsoletos e a aplicação de identificação apropriada, caso documentos obsoletos e (ultrapassados) sejam mantidos por alguma razão.

4.2.4 Controle dos registros da qualidade

Registros da qualidade são mantidos como evidências a conformidade aos requisitos e da operação eficaz do Sistema de Gestão da Qualidade. Os registros são mantidos de acordo com o procedimento gerencial de controle dos registros da qualidade.

Esse procedimento gerencial requer que os registros da qualidade estejam legíveis, prontamente identificáveis e acessíveis. O procedimento gerencial define os controles necessários para a identificação, armazenamento, proteção, acesso, prazo de retenção dos registros da qualidade.

Seção 5
RESPONSABILIDADE DA DIREÇÃO

5.1 Comprometimento da direção

A direção está comprometida com a criação, manutenção e melhora contínua do Sistema de Gestão da Qualidade e, como evidência disso, entre outras coisas, definiu os Objetivos da Qualidade e a Política da Qualidade.

Com o intuito de prover liderança e demonstrar seu comprometimento com a melhoria do Sistema de Gestão da Qualidade, a direção executa, permanentemente as seguintes tarefas:

a) comunicar a importância de atender as exigências dos clientes, os requisitos estatutários e regulatórios;

b) determinar/rever objetivos da qualidade a cada ano;
c) criar e revisar a política da qualidade;
d) realizar reuniões de análise crítica;
e) garantir a disponibilidade de recursos.

5.2 Foco no cliente

A Escola Alfa se esforça por identificar necessidades atuais e futuras de seus clientes a fim de atender suas exigências e superar suas expectativas.

A direção assegura que os requisitos dos clientes sejam entendidos e atendidos, exigindo conformidade com os procedimentos documentados de comunicação com clientes.

Os requisitos dos clientes são determinados, convertidos em requisitos internos e comunicados às pessoas responsáveis em nossa organização.

5.3 Política da qualidade

O Sistema de Gestão da Qualidade da Escola Alfa inclui nossa política da qualidade:

A Escola Alfa é uma organização educacional comprometida em produzir o melhor preparo educacional da região em que atua. Nós nos esforçamos em obter resultados de alta qualidade através da utilização de excelentes materiais didáticos e digitais, um rigoroso controle de qualidade, professores e funcionários altamente treinados no processo de ensino aprendizagem.

Com nossa sede no Estado de São Paulo, nós estamos aptos a servir o mercado educacional brasileiro, com a preparação efetiva do educando para dar continuidade aos estudos em qualquer parte do território nacional e mesmo no exterior.

A direção da escola assegura que a política da qualidade seja comunicada e compreendida por todos os funcionários e demais colaboradores. A política de qualidade é incluída no treinamento de novos funcionários e nos treinamentos do Sistema de Gestão da Qualidade. A Política da Qualidade é afixada em locais de destaque por toda a empresa.

A direção revisa a política da qualidade a cada reunião de análise crítica, a fim de avaliar sua contínua adequação da política à nossa escola.

5.4 Planejamento

5.4.1 Objetivos da qualidade

Objetivos da qualidade são determinados e/ou revisados anualmente, com o intuito de apoiar os esforços da organização no atendimento da política da qualidade. Os objetivos são determinados para cada departamento. Objetivos da qualidade são mensuráveis e mensalmente comparados com as metas de desempenho, para eventuais ajustes e correções. Uma visão geral é apresentada a cada reunião de análise crítica.

5.4.2 Planejamento do Sistema de Gestão da Qualidade

O Sistema de Gestão da Qualidade foi planejado e implementado com o intuito de atender os Objetivos da Qualidade e os requisitos do item 4.1 da Norma ISO 9001. Uma revisão do planejamento da qualidade ocorre sempre que alterações que afetem o Sistema de Gestão da Qualidade são planejadas e implementadas, bem como quando julgado necessário.

5.5 Responsabilidade, autoridade e comunicação

5.5.1 Responsabilidade e autoridade

Um organograma foi estabelecido para demonstrar a inter--relação entre as funções da organização. Descrições das funções definem as responsabilidades e autoridades de cada cargo no organograma.

As descrições das funções e o organograma têm suas adequações analisadas e aprovadas pela direção.

Esses documentos estão disponíveis em toda a organização para auxiliar os funcionários a entender suas responsabilidades e autoridades. Um organograma é descrito neste manual da qualidade.

5.5.2 Representante da direção

O responsável pela Qualidade foi nomeado pelo mantenedor, como representante da direção.

Na posição de representante da direção, ele possui as seguintes responsabilidades e atribuições:

a) assegurar que os processos necessários ao Sistema de Gestão da Qualidade sejam estabelecidos e implementados;

b) relatar à direção acerca do desempenho do Sistema de Gestão da Qualidade e apontar as melhorias necessárias;

c) promover a conscientização acerca das necessidades dos clientes em toda a organização;

d) agir como um contato com as partes externas, como clientes ou auditores, em assuntos relacionados ao Sistema de Gestão da Qualidade.

5.5.3 Comunicação interna

Processos são criados para comunicação dentro da organização. Métodos de comunicação da eficácia do Sistema de Gestão da Qualidade incluem quadros de gestão à vista, reuniões de departamento e de supervisão, reuniões de análise crítica, circulação de minutas das reuniões de análise crítica, reuniões de encerramento de auditoria interna e outros comunicados rotineiros da escola.

5.6 Análise crítica pela direção

5.6.1 Geral

A direção da Escola Alfa revisa o Sistema de Gestão da Qualidade trimestralmente durante as reuniões de análise crítica, ocasião em que avalia a adequação e a eficácia do Sistema de Gestão da Qualidade, identificando oportunidades de melhoria e alterações necessárias. São mantidos registros das reuniões de análise crítica.

5.6.2 Entradas para análise crítica

A avaliação do Sistema de Gestão da Qualidade é baseada em uma análise das informações de entrada para a reunião de análise crítica. Essas informações incluem o seguinte:

a) resultados das auditorias;

b) opiniões e comentários de clientes, incluindo suas eventuais reclamações;

c) desempenho dos processos e conformidade dos serviços;

d) situação das ações preventivas e corretivas;

e) ações de acompanhamento das análises críticas reuniões de análise crítica anteriores;

f) alterações programadas que possam afetar o Sistema de Gestão da Qualidade;

g) recomendações de melhorias.

A responsabilidade pela apresentação dos dados de entrada é do representante da direção.

5.6.3 Saídas da análise crítica

Ao final dessas reuniões de análise crítica, a direção apresenta suas conclusões, bem como as ações adequadas a serem executadas com relação às seguintes questões:

a) melhoria da eficácia do Sistema de Gestão da Qualidade e de seus processos;
b) melhoria dos produtos com relação aos requisitos dos clientes;
c) necessidades de recursos.

A responsabilidade pelas ações necessárias é atribuída a membros da equipe de análise crítica. Todas as decisões tomadas durante a reunião e as ações atribuídas, assim como seus prazos, são registrados nas minutas da reunião de análise crítica.

Seção 6
GESTÃO DE RECURSOS

6.1 Provisão de Recursos

A Escola Alfa implantou um Sistema de Gestão da Qualidade em conformidade com a Norma ISO 9001. Essa implantação foi alcançada com o comprometimento da direção e com recursos suficientes à implantação. A fim de manter e melhorar continuamente, e com eficácia, o sistema, a direção determina e fornece os recursos necessários.

6.2 Recursos Humanos

6.2.1 Geral

A fim de assegurar a competência de nossos colaboradores, foram preparadas descrições das funções contendo as qualificações necessárias para cada cargo, cujas atividades afetam a conformidade com os requisitos dos serviços. As qualificações incluem requisitos com relação a educação, habilidades e experiência.

Qualificações adequadas combinadas com capacitação necessária proveem a competência necessária a cada função.

6.2.2 Competência, conscientização e treinamento

As qualificações são analisadas durante a contratação, quando um funcionário muda de cargo ou quando os requisitos para um cargo são alterados, o Departamento de Recursos Humanos (RH) mantém registros das qualificações dos funcionários.

Caso sejam encontradas diferenças entre as qualificações do funcionário e aquela requerida para o cargo, será oferecido um treinamento ou outra ação será tomada a fim de fornecer ao funcionário a competência necessária para o cargo. Os resultados serão então avaliados para determinar sua eficácia.

Todos os funcionários são treinados na relevância e na importância de suas atividades e em como eles contribuem para o alcance dos objetivos da qualidade.

6.3 Infraestrutura

Com o intuito de atender os objetivos da qualidade e os requisitos dos serviços, a Escola Alfa determinou a infraestrutura necessária conforme descrito no *Procedimento Gerencial – Infraestrutura*.

A infraestrutura foi fornecida e inclui construções, espaço de trabalho, serviços públicos (luz, água, gás etc.), equipamentos do processo e serviços de apoio. À medida que novos requisitos de infraestrutura surgirem, serão documentados nos planos da qualidade.

A manutenção é executada na infraestrutura existente a fim de se garantir a conformidade do produto. Os requisitos de manutenção são documentados em:

a) planos de manutenção preventiva;
b) planos de higiene/saneamento;
c) planos de manutenção das instalações.

6.4 Ambiente de trabalho

É mantido um ambiente de trabalho adequado para se alcançar a conformidade com os requisitos do produto. Requisitos são determinados durante o planejamento da qualidade e documentados no plano da qualidade.

O ambiente de trabalho é monitorado para garantir sua constante adequação.

Os dados do sistema da qualidade são avaliados, a fim de determinar se o ambiente de trabalho reúne condições para se alcançar a conformidade do produto, ou se são necessárias ações preventivas/corretivas relacionadas ao ambiente de trabalho.

Seção 7
REALIZAÇÃO DO SERVIÇO

7.1 Planejamento da realização do serviço

Antes da incorporação de novos serviços, ou da implantação de novos processos, realizamos um planejamento da qualidade relativo a eles, o qual pode ser um processo de projeto, ou ocorrer de acordo com o *Planejamento dos processos da realização do produto*.

Durante este planejamento, a direção ou os funcionários determinados identificam:

a) objetivo da qualidade e requisitos para os serviços;

b) processos, documentação e recursos necessários;
c) verificação, validação, monitoramento, medição, inspeção e requisitos de testes;
d) critérios para aceitação do serviço.

Os dados de saída do planejamento da qualidade incluem planos da qualidade, dos processos, dos procedimentos e dos parâmetros finais de projeto documentados.

7.2 Processos relacionados a clientes

7.2.1 Determinação dos requisitos relacionados ao serviço

A Escola Alfa determina as necessidades e os requisitos dos clientes antes da aceitação de um pedido. Os requisitos dos clientes incluem os:

a) estabelecidos pelos próprios clientes;
b) estabelecidos para as atividades de entrega e pós-entrega;
c) não definidos pelo cliente, mas necessários para o uso determinado ou para um uso conhecido e planejado;
d) requisitos estatutários e regulatórios relacionados ao serviço;
e) requisitos adicionais determinados pela Escola Alfa;
f) as atividades de pós-entrega (formação de nível) incluem, por exemplo, ações de checagem de aprovações em concursos públicos; obrigações contratuais, como serviços de manutenção, reciclagem e disposição final.

7.2.2 Análise crítica dos requisitos relacionados ao serviço

A Escola Alfa possui um processo em vigor para a análise crítica dos requisitos relacionados ao serviço, o qual está definido no *Procedimento gerencial – Processos relacionados ao cliente*. A análise é conduzida antes da aceitação do pedido. O processo garante que:

a) os requisitos do serviços sejam definidos;

b) os requisitos do contrato ou do pedido que sejam diferentes dos anteriores expressos sejam solucionados;
c) a Escola Alfa tenha a capacidade de atender os requisitos definidos;
d) registros sejam mantidos apresentando os resultados da análise, assim como quaisquer ações que surjam da análise;
e) quando um cliente não fornecer uma declaração de seus requisitos, eles são confirmados antes da aceitação;
f) quando os requisitos do produto são alterados, a Escola Alfa comunica as alterações aos funcionários pertinentes e emenda os documentos apropriados.

7.2.3 Comunicação com cliente

A Escola Alfa implantou *Processos relacionados ao cliente* para a comunicação com os clientes, com relação a:
a) informações acerca do serviço;
b) tratamento de consultas, contratos e pedidos, incluindo emendas;
c) realimentação de clientes, incluindo reclamações.

7.3 Projeto e desenvolvimento

7.3.1 Planejamento do projeto e desenvolvimento

A supervisão e a coordenação pedagógica planejam o projeto e desenvolvimento de acordo com o procedimento citado. O plano de projeto inclui:
a) os estágios do projeto e do desenvolvimento;
b) análise crítica e os métodos de verificação e validação apropriados a cada estágio do projeto e do desenvolvimento;
c) responsabilidades e autoridades sobre projeto e desenvolvimento;

d) identificação das interfaces técnicas necessárias ao projeto e desenvolvimento;

e) atualização das saídas do planejamento à medida que o projeto e desenvolvimento avançam.

7.3.2 Entradas de projeto e desenvolvimento

Todos os dados de entrada são analisados a fim de verificar sua adequação aos requisitos do serviço e se contêm informações completas, assim como para corrigir dados ambíguos. Os dados de entrada incluem:

a) características requeridas, assim como seu desempenho;

b) requisitos estatutários e regulatórios aplicáveis;

c) onde aplicáveis, informações advindas de projetos/desenvolvimentos similares anteriores;

d) outros requisitos essenciais para projeto e desenvolvimento.

NOTA: Deverão ser mantidos registros dessas entradas.

7.3.3 Saídas de projeto e desenvolvimento

As saídas são documentadas em um formato que possibilite a comparação com os dados de entrada e são aprovadas antes da liberação. As saídas de projeto e desenvolvimento:

a) atendem aos requisitos de entrada para projeto e desenvolvimento;

b) fornecem informações apropriadas para a compra, produção e fornecimento do serviço;

c) contém ou fazem referência aos critérios de aceitação do serviço;

d) especificam as características do produto essenciais à sua utilização segura e adequada;

e) podem incluir detalhes para a preservação do serviço.

7.3.4 Análise crítica de projeto e desenvolvimento

O plano de projeto especifica os estágios adequados do projeto para a realização de análises críticas do projeto e do desenvolvimento. Os resultados da análise do projeto são registrados em minutas das análises críticas e são mantidos como um registro da qualidade. As análises críticas de projeto e desenvolvimento:

a) avaliam os resultados das atividades de projeto e desenvolvimento e determinam se elas atendem os requisitos;

b) identificam problemas e propõem ações necessárias;

c) incluem representantes dos cargos relacionados ao estágio do projeto e do desenvolvimento sob análise;

d) são necessários registros dos resultados das análises críticas e das ações necessárias.

7.3.5 Verificação do projeto e do desenvolvimento

A verificação do projeto e do desenvolvimento é planejada e executada para assegurar que as saídas de projeto e desenvolvimento tenham atendido os requisitos das entradas de projeto e desenvolvimento.

7.3.6 Validação de projeto e desenvolvimento

A validação do projeto e do desenvolvimento é realizada de acordo com o plano do projeto e do desenvolvimento para garantir que o serviço resultante é capaz de atender os requisitos para a utilização ou aplicação determinada ou da implementação do serviço. A validação é concluída antes do lançamento do produto novo ao mercado. Registros das atividades de validação são mantidos de acordo com o procedimento de projeto e desenvolvimento.

7.3.7 Controle das alterações de projeto e desenvolvimento

A análise das alterações de projeto e desenvolvimento inclui uma avaliação do efeito das alterações nos componentes e no serviço entregue. Registros são mantidos para apresentar os resultados da análise crítica e de quaisquer ações necessárias identificadas durante a análise.

7.4 Aquisição

7.4.1 Processo de aquisição

O procedimento descreve o nível de controle requerido dos colaboradores.

Os colaboradores são avaliados e selecionados com base em sua capacidade de fornecer o serviço em conformidade com os nossos requisitos.

Critérios para seleção, avaliação e reavaliação são documentados no procedimento. Registros da avaliação e de quaisquer ações necessárias são mantidas como registros da qualidade.

7.4.2 Informações de aquisição

Informações de aquisições descrevem o serviço a ser adquirido, incluindo, onde apropriado:

a) requisitos para aprovação do serviço, processos e equipamentos;

b) requisitos para a qualificação de pessoal;

c) requisitos do Sistema de Gestão da Qualidade.

7.4.3 Verificação do serviço adquirido

No caso em que a Escola Alfa ou o cliente institucional realizam a verificação no local, os preparativos da verificação e os métodos para liberação do serviço são documentados nas informações de aquisição.

7.5 Produção e fornecimento de serviço

7.5.1 Controle da produção e do fornecimento de serviço

A Escola Alfa planeja e executa a produção e fornecimento de serviço sob condições controladas. Os controles incluem o seguinte:

a) disponibilidade de informações que descrevam as características do serviço entregue;

b) disponibilidade de instruções de serviço;

c) o uso de equipamentos adequados;

d) disponibilidade e utilização de dispositivos e aparelhos de monitoramento e medição;

e) monitoramento e medição de serviços;

f) atividades de liberação, entrega e de pós-entrega.

7.5.2 Validação dos processos de produção e fornecimento de serviços

A Escola Alfa valida todos os processos de produção cujas saídas resultantes não possam ser verificadas por monitoramento ou medição subsequentes.

Isso inclui todos os processos em que deficiências só se tornam aparentes depois que o serviço já foi entregue. A validação demonstra a capacidade dos processos atingirem os resultados planejados.

Em razão da alta criticidade de seus serviços, a Escola Alfa realiza validações periódicas de seus processos.

A Escola Alfa documentou o processo de validação incluindo:

a) critérios definidos para a análise crítica e aprovação dos processos;

b) aprovação dos equipamentos e da qualificação de pessoal;

c) utilização de métodos e procedimentos específicos;

d) requisitos para registros;

e) revalidação.

7.5.3 Identificação e rastreabilidade

A Escola Alfa identifica o serviço durante todo o processo de sua realização. O serviço é identificado com relação aos requisitos de monitoramento e medição.

A Escola Alfa controla e registra a identificação única do serviço, a fim de garantir que sua total rastreabilidade seja um requisito determinado, e mantém os registros correspondentes.

7.5.4 Propriedade do cliente

A Escola Alfa cuida dos itens de propriedade dos clientes enquanto eles estão sob seu controle ou quando estão sendo utilizados.

Caso um item de propriedade do cliente seja perdido, danificado ou tenha sido identificado como impróprio para uso, isso é informado ao cliente e registros são mantidos.

7.5.5 Preservação do serviço

A Escola Alfa preserva o serviço para manter a conformidade com os requisitos durante o processamento interno e a entrega ao destino programado.

7.6 Controle de dispositivos de medição e monitoramento

A Escola Alfa determinou as medições e o monitoramento a serem realizados, bem como os dispositivos de medição e monitoramento necessários a fim de fornecer evidência da conformidade do serviço aos requisitos determinados.

Onde forem necessários, para assegurar resultados válidos, os dispositivos de medição deverão ser:

    a) calibrados ou verificados a intervalos determinados ou, antes do uso, com relação a padrões de medição rastreáveis aos padrões de medição internacionais ou nacionais;

b) ajustados ou reajustados conforme necessário;
c) identificados para permitir que a situação da calibração seja determinada e conhecida;
d) protegidos contra ajustes que invalidariam o resultado da medição;
e) protegidos de danos e deterioração durante o manuseio, a manutenção e o armazenamento.

Além disso, o departamento de controle da qualidade avalia e registra a validade dos resultados da medição anterior no caso de eventualmente algum equipamento ser identificado como não estando em conformidade com os requisitos. A Escola Alfa executa ações adequadas nos equipamentos e em qualquer serviço afetado. Registros dos resultados da calibração e da verificação são mantidos.

Quando um *software* for utilizado no monitoramento ou na medição de requisitos determinados, sua capacidade satisfaz as regras de qualidade previstas, além do gerenciamento de sua configuração pretendida. Isso é sempre realizado antes de sua primeira utilização e reconfirmado conforme necessário.

Seção 8
MEDIÇÃO, ANÁLISE E MELHORIA

8.1 Geral

A Escola Alfa planeja e implementa os processos de monitoramento, medição, análise e melhoria, conforme necessário:
a) para demonstrar a conformidade do serviço;
b) para garantir a conformidade do Sistema de Gestão da Qualidade;
c) para melhorar continuamente a eficácia do Sistema de Gestão da Qualidade.

Esses processos são apresentados em procedimentos documentados e incluem a determinação de métodos pertinentes, incluindo técnicas estatísticas e o grau de sua utilização.

8.2 Monitoramento e medição

8.2.1 Satisfação do cliente

Como uma das medições do desempenho do Sistema de Gestão da Qualidade, a Escola Alfa monitora as informações relacionadas aos clientes com relação à percepção sobre se a organização atendeu ou não as necessidades dos clientes.

8.2.2 Auditoria interna

A Escola Alfa realiza auditorias internas em intervalos programados a fim de determinar se o Sistema de Gestão da Qualidade:

a) está em conformidade com os preparativos programados, com os requisitos da Norma ISO 9001 e com os requisitos do Sistema de Gestão da Qualidade por ela determinados;

b) é implementado e está sendo mantido de maneira eficaz.

Um programa de auditoria foi desenvolvido e implementado, e apresenta um cronograma de auditoria baseado na importância das áreas a serem auditadas, assim como nos resultados de auditorias anteriores.

Os critérios, o escopo, a frequência, os métodos, as responsabilidades sobre a auditoria e os requisitos para o planejamento e para a realização das auditorias, bem como sobre a informação e registro dos resultados, são definidos e documentados.

São mantidos registros das auditorias realizadas e de seus resultados.

A chefia da área sob auditoria é responsável por garantir que as necessárias correções e ações corretivas sejam executadas, sem atraso indevido, a fim de eliminar as não conformidades detectadas e suas causas. São realizadas atividades de *follow-up*, as quais incluem a verificação das ações executadas e a produção de relatórios com os resultados da verificação.

8.2.3 Monitoramento e medição dos processos

A Escola Alfa aplica métodos adequados para o monitoramento e medição dos processos do Sistema de Gestão da Qualidade. Esses métodos demonstram a capacidade dos processos de alcançar os resultados planejados.

Se porventura resultados planejados não forem alcançados, uma correção e uma ação corretiva são executadas a fim de garantir a conformidade do produto.

8.2.4 Monitoramento e medição do produto

A Escola Alfa monitora e mede as características do serviço para certificar-se de que os requisitos do serviço sejam atendidos.

São mantidas evidências da conformidade com os critérios de aceitação. Registros indicam a pessoa responsável pela liberação do serviço para entrega ao cliente.

O fornecimento do serviço não prossegue até que todos os preparativos planejados tenham sido concluídos de maneira satisfatória, a menos que aprovado de forma diversa por uma autoridade competente e, quando cabível, pelo cliente. Registros indicam a pessoa responsável pela liberação do serviço.

8.3 Controle de produto não conforme

A Escola Alfa assegura que os produtos que não estejam em conformidade com os requisitos do serviço sejam identificados e controlados a fim de impedir seu uso não intencional ou entrega.

8.4 Análise de dados

A Escola Alfa determina, coleta e analisa os dados apropriados para demonstrar a adequação e eficácia do Sistema de Gestão da Qualidade, e para avaliar onde podem ser realizadas melhorias contínuas do Sistema de Gestão da Qualidade.

Dados apropriados incluem dados gerados como resultado de medição e monitoramento, e de outras fontes pertinentes. A análise dos dados fornece informações relacionadas a:

a) satisfação dos clientes;
b) conformidade com os requisitos do serviço;
c) características e tendências dos processos e dos produtos, incluindo oportunidades de ação preventiva;
d) fornecedores.

8.5 Melhoria

8.5.1 Melhoria contínua

A Escola Alfa melhora continuamente a eficácia do Sistema de Gestão da Qualidade com a utilização da Política da Qualidade e dos Objetivos da Qualidade, resultados de auditoria, análise de dados, ações corretivas e preventivas e da análise crítica pela direção.

8.5.2 Ação corretiva

A Escola Alfa realiza ações com o intuito de eliminar a causa de não conformidades, a fim de impedir sua recorrência. As ações corretivas são apropriadas aos efeitos das não conformidades encontradas. Para tanto as ações corretivas observam:

a) análise das não conformidades (incluindo reclamação de clientes);

b) determinação das causas das não conformidades;

c) avaliação da necessidade de ação para garantir que as não conformidades não voltem a ocorrer;

d) determinação e implementação de ações necessárias;

e) registros dos resultados das ações executadas;

f) análise crítica de ações corretivas executadas.

8.5.3 Ação preventiva

De forma similar, a Escola Alfa realiza ações com o intuito de eliminar a causa de não conformidades potenciais, a fim de impedir sua ocorrência. As ações corretivas são apropriadas aos efeitos das não conformidades encontradas e define requisitos para:

a) análise das não conformidades potenciais;

b) determinação das causas das não conformidades potenciais;

c) avaliação da necessidade de ação para garantir que não conformidades não venham a ocorrer;

d) determinação e implementação de ações necessárias;

e) registros dos resultados das ações executadas;

f) análise crítica de ações preventivas executadas.

8.6 Fluxograma de processos

Nesse espaço, a Escola Alfa disponibiliza todos os fluxogramas de seus processos, contendo os requisitos dos clientes, as etapas, os prazos e as formas de execução, para que o Sistema de Gestão da Qualidade da Escola Alfa seja completo.

Os fluxogramas atingem todos os setores da escola e estão interligados para efetiva produção do serviço requisitado pelos clientes.

4

4.1 PROCEDIMENTOS GERENCIAIS

A seguir, disponibilizamos alguns modelos de procedimentos gerenciais da Escola Alfa. No documento original, deverão constar todos os procedimentos gerenciais que a Escola criou, assim, será possível determinar todos os processos do Sistema de Gestão da Qualidade.

Escola Alfa	**PROCEDIMENTO GERENCIAL**	Data: 03.12.2007
		Revisão: 02
	Responsabilidade da direção	Página 01 de 03

1 Objetivo
2 Responsabilidades
3 Definições
4 Equipamentos/*softwares*
5 Condições gerais
6 Formulários/registros e documentos
7 Referências
8 Anexos

Revisão Nº	Item	Natureza da alteração	Data	Autorizado por
01	5.7.1	A equipe de análise crítica	11.11.2007	J. Augusto
02	7.3	F-500-02 lista principal dos processos-chave	03.12.2007	J. Augusto

Revisado: J. Augusto
Depto: Qualidade
Aprovado: Luiz Fernando
Cargo: Gerente da qualidade

1 Objetivo

1.1 Este procedimento gerencial descreve as responsabilidades da direção com relação ao Sistema de Gestão da Qualidade da Escola Alfa.

2 Responsabilidades

2.1 A direção é responsável pela determinação da política da qualidade e pela revisão dela, a fim de garantir sua adequação continuada.

2.2 A direção é responsável pela comunicação da política da qualidade e da importância em atender as exigências regulatórias, estatutárias e dos clientes.

2.3 A direção é responsável pela identificação dos processos-chave a serem incluídos no Sistema de Gestão da Qualidade.

2.4 A direção é responsável pela identificação dos dados necessários para uma análise crítica eficaz do Sistema de Gestão da Qualidade.

2.5 A direção é responsável pela nomeação da equipe de análise crítica.

2.6 É responsabilidade do representante da direção (RD) agendar e conduzir reuniões de análise crítica de acordo com esse procedimento.

2.7 O RD é responsável pela obtenção dos relatórios de resumo e dados das funções responsáveis e também por assegurar que todos os funcionários estejam cientes do Sistema de Gestão da Qualidade da empresa.

2.8 O RD é responsável por coordenar a equipe de análise crítica.

2.9 Os membros da equipe de análise crítica são responsáveis por trazer informações e relatórios de progresso acerca de itens de ação a eles designados em reuniões de análise crítica anteriores. São também responsáveis por trazer informações acerca de alterações programadas que possam afetar o Sistema de Gestão da Qualidade, necessidades do planejamento da qualidade, e atividades e recomendações para a melhoria do Sistema de Gestão da Qualidade.

2.10 A direção é responsável pela definição das saídas da análise crítica.

3 Definições

3.1 *Direção*: diretores da organização ou sua supervisão geral, superintendente ou administrador-geral.

3.2 *Equipe de análise crítica*: gerente da qualidade, gerente de produção e o representante da direção.

3.3 *Processos de realização de produto*: os processos que contribuem ou resultam no produto sendo produzido ou no produto/serviço sendo fornecido.

3.4 *Processos-chave*: processos de realização do serviço, processos relacionados ao cliente e aos processos do Sistema de Gestão da Qualidade que estejam incluídos no Sistema de Gestão da Qualidade.

4 Equipamentos/*software*

4.1 Nada consta.

5 Condições gerais

5.1 A direção estabelece a política da qualidade, revendo-a periodicamente, a fim de assegurar sua adequação continuada durante as reuniões de análise crítica.

5.2 A direção comunica a política da qualidade e a importância de se atender as exigências regulatórias, estatutárias e dos clientes em treinamento de orientação dos funcionários e durante reuniões da empresa e de departamentos.

5.3 A direção assegura a identificação dos:

5.3.1 Processos-chave incluídos no Sistema de Gestão da Qualidade, bem como sua documentação na lista principal de processos-chave.

5.3.2 Processos-chave de realização do produto e sua documentação na tabela de monitoramento, medição e análise da realização do produto.

5.4 A direção assegura a identificação dos dados necessários na análise dos processos do Sistema de Gestão da Qualidade, bem como o preenchimento da tabela de monitoramento, medição e análise do Sistema de Gestão da Qualidade.

5.4.1 A direção preencherá a tabela de monitoramento, medição e análise do Sistema de Gestão da Qualidade.

5.4.2 A tabela identifica:

a) Os processos que necessitam de medição.

b) As medições programadas.

c) A frequência das medições.

d) As funções responsáveis pelas medições.

e) A metodologia de análise.

f) Objetivos da qualidade para comparação.

g) Metas de melhoria.

5.5 A direção assegura a identificação dos dados necessários para a análise dos processos da realização do produto, por meio:

5.5.1 Da identificação de quais resumos são necessários com base nos dados gerados pelos processos de medição e monitoramento do produto.

5.5.2 Do exame da tabela de monitoramento, medição e análise da realização do produto e da definição das responsabilidades pela preparação de relatórios de resumo.

5.5.3 A direção não precisará analisar todos os resultados das inspeções e dos testes, mas deverá identificar quais dados são necessários a fim de que possa realizar melhorias nos processos da realização do produto. Esses dados podem vir na forma de resumos preparados pela gerência de produção.

5.6 A direção assegura a identificação dos dados necessários para a análise das opiniões dos clientes, pela identificação dos projetos de obtenção de opiniões de clientes durante a reunião de análise crítica, bem como pela determinação das responsabilidades pelos projetos. Os projetos podem incluir:

a) Reuniões de discussão de grupo.

b) Comunicação direta com o cliente.

c) Estudos de satisfação dos clientes.

d) Outros métodos determinados pela direção.

5.7 Reunião de análise crítica.

5.7.1 A equipe de análise crítica realiza reuniões trimestrais (por exemplo durante a implantação) e semestrais (por exemplo, após a implantação), a fim de avaliar a adequação continuada e a eficácia do Sistema de Gestão da Qualidade no atendimento aos requisitos da ISO 9001, da política da qualidade e dos objetivos da qualidade.

5.7.2 O representante da direção agenda a reunião e notifica os membros da equipe.

5.7.3 O representante da direção obtém os dados e relatórios de resumo e fornece cópias aos membros da equipe de análise uma semana antes da reunião programada.

5.7.4 O representante da direção prepara uma agenda para cada reunião, a qual inclui:

a) Dados do Sistema de Gestão da Qualidade (análise da tabela de monitoramento, medição e análise do Sistema de Gestão da Qualidade) e dados relacionados.

b) Ações de acompanhamento de análises críticas anteriores.

c) Alterações programadas que possam afetar o Sistema de Gestão da Qualidade.

d) Uma avaliação da adequação continuada da política da qualidade e dos objetivos da qualidade.

5.7.5 A direção analisa os dados, identifica oportunidades de melhoria e estabelece itens de ação, ações preventivas e corretivas conforme apropriado.

5.7.6 A direção atualiza a tabela com novos *objetivos da qualidade* e metas de melhoria apropriadas para a obtenção da melhoria contínua.

5.7.7 Atas são produzidas a cada reunião, registrando debates, decisões, ações e prazos estabelecidos. Dados e relatórios analisados são anexados às minutas da reunião de análise crítica.

5.7.8 As atas devem incluir as decisões tomadas pela direção (saídas da análise crítica) com base nas entradas, bem como pendências, responsáveis e prazos para tomada de ações.

5.7.9 As atas com dados e relatórios anexados, são mantidas como um registro da reunião de análise crítica.

6 Formulários/registros e documentos

6.1 Atas de reuniões de análise crítica.

6.2 Tabela de monitoramento, medição e análise do Sistema de Gestão da Qualidade.

6.3 Lista principal dos processos-chave.

6.4 Tabela de monitoramento, medição e análise da realização do produto.

6.5 Manual da qualidade.

6.6 Medição, monitoramento e análise da satisfação dos clientes.

7 Referências

7.1 Norma ISO 9001 item 5.0.

8 Anexos

8.1 Liste os anexos aqui.

Escola Alfa	**PROCEDIMENTO GERENCIAL**	Data: 09.11.2007
	Competência, conscientização e treinamento	Revisão: 03 Página 01 de 03

1 Objetivo
2 Responsabilidades
3 Definições
4 Equipamentos/*softwares*
5 Condições gerais
6 Formulários/registros e documentos
7 Referências
8 Anexos

Revisão Nº	Item	Natureza da alteração	Data	Autorizado por
01	2.7	Inclusão do item na descrição	10.09.2007	J. Augusto
02	5.9.4	Inclusão do item "d"	25.10.2007	J. Augusto
03	6.1	Inclusão do item 6.4	09.11.2007	J. Augusto

Revisado: J. Augusto
Depto: Qualidade
Aprovado: Luiz Fernando
Cargo: Gerente da qualidade

1 Objetivo

1.1 Este procedimento gerencial descreve o processo para assegurar que cada funcionário que executa atividade(s) que possa(m) afetar a conformidade com os requisitos do produto, seja competente para o trabalho que esteja realizando.

2 Responsabilidades

2.1 O gerente de recursos humanos é responsável pela identificação dos requisitos de cada cargo ou função, que possa afetar a conformidade com os requisitos do produto e pela documentação desses requisitos em uma descrição do respectivo cargo/função.

2.2 O departamento de recursos humanos é responsável pela manutenção dos registros das qualificações dos funcionários.

2.3 Os supervisores ou os chefes de departamento são responsáveis pela identificação de necessidades de treinamento específicos para os cargos e para as funções em sua área.

2.4 Recursos humanos, supervisores ou chefes de departamento são responsáveis pela identificação das necessidades de treinamento e pela preparação de planos de ação.

2.5 Os supervisores ou os chefes (ou RH) são responsáveis pelo agendamento de treinamentos para seus funcionários e por assegurar que a necessária competência foi alcançada.

2.6 Os funcionários são responsáveis por sua participação nos treinamentos e por cumprir os planos de ação.

2.7 Os supervisores e chefes (ou RH) são responsáveis pela manutenção de uma base de dados dos treinamentos perante seus funcionários.

3 Definições

3.1 Nenhuma.

4 Equipamentos/*software*

4.1 Não são necessários equipamentos ou *softwares* adicionais/específicos.

5 Condições gerais

5.1 Com o auxílio de cada área, o setor de RH prepara e mantém descrições de cargos e funções, as quais apresentam a escolaridade, a experiência e as qualificações (ou "as competências") necessárias para cada cargo.

5.2 Cada supervisor ou chefe de departamento é responsável pela identificação de necessidades de treinamentos específicos para cada cargo em sua área. Essas necessidades são documentadas em um banco de dados dos treinamentos.

5.3 Os novos funcionários participam de uma orientação que inclui treinamento em:

a) Sistema da qualidade.

b) Política da qualidade.

c) A importância de se atender as exigências regulatórias, estatutárias e dos clientes e a necessidade de se assegurar a satisfação do cliente.

d) A relevância e a importância de suas atividades e como elas contribuem para se atingir os objetivos da qualidade.

5.4 Esse treinamento deve ser repetido para todos os funcionários, sempre que se identificar esta necessidade.

5.5 Quando um funcionário é contratado, muda de cargo ou as exigências de sua função mudam, o departamento de RH obtém um currículo ou ficha de inscrição do funcionário, documentando sua competência. As competências do funcionário são comparadas às exigências do cargo. Caso a competência do funcionário não satisfaça a requerida pelo cargo ou pela função, o departamento de RH ou o supervisor do funcionário apresentará um plano de ação para fornecer ao funcionário a competência necessária.

5.6 O supervisor do funcionário acrescentará treinamentos específicos e datas para o cumprimento do plano de ação.

5.7 O plano de ação pode incluir treinamentos durante o serviço, treinamentos em grupo ou mesmo, cursos externos de treinamento.

5.8 O RH em coordenação com o supervisor do funcionário agenda o treinamento necessário e outros itens do plano de ação. As datas são registradas no plano de ação. O supervisor também acrescenta como deverá se certificar de que a competência foi alcançada, incluindo os critérios.

5.9 Os cursos de treinamento podem ser:

5.9.1 Cursos externos:

a) O funcionário participa do curso e apresenta um registro de presença e todos os registros de eficácia, como notas ou resultados de testes.

b) Se não houver resultados de testes durante o curso, o supervisor do funcionário avaliará sua eficácia.

5.9.2 Treinamento durante o serviço:

a) Um funcionário que tenha demonstrado competência na tarefa poderá conduzir o treinamento.

b) Após a conclusão do treinamento, o instrutor e o aprendiz vistam o plano de ação.

5.9.3 Treinamento em grupo:

a) O funcionário participa do treinamento agendado. O instrutor e o funcionário vistam o plano de ação.

b) Treinamentos em grupo podem incluir uma medida de eficácia, como um teste ou outro exercício. Se o treinamento for avaliado desta forma e for considerado eficaz, o instrutor registrará os resultados no plano de ação.

c) Caso não haja uma medida de eficácia do treinamento, o supervisor do funcionário avaliará a eficácia.

5.9.4 Avaliação da eficácia do treinamento:

a) O supervisor avalia o treinamento de acordo com o plano e os critérios documentados no plano de ação. Os resultados da avaliação são registrados no plano.

b) Se o treinamento tiver sido eficaz, a data de conclusão é registrada no banco de dados do treinamento.

c) Se o treinamento não tiver sido eficaz, um novo treinamento deverá ser agendado ou deverá ser tomada outra ação corretiva.

d) Em todos os casos citados, a organização deverá assegurar-se de que a necessária competência tenha sido assegurada, por exemplo por meio da observação de comportamento profissional do funcionário no desempenho de suas funções, pelo seu superior imediato ou supervisor.

6 Formulários/registros e documentos

6.1 Plano de treinamento.

6.2 Registro de treinamento em grupo.

6.3 Levantamento da necessidade de treinamento.

6.4 Matriz de treinamento de funcionários.

6.5 Matriz de treinamento para cargos de chefia.

6.6 Currículo ou ficha de inscrição do funcionário com suas qualificações.

6.7 Manual da qualidade.

7 Referências

7.1 Norma ISO 9001 item 6.2.2.

8 Anexos

8.1 Liste os anexos aqui.

ISO 9001 em ambientes educacionais | 135

Escola Alfa	**PROCEDIMENTO GERENCIAL**	Data: 30.11.2007
		Revisão: 02
	Infraestrutura	Página 01 de 02

1 Objetivo

2 Responsabilidades

3 Definições

4 Equipamentos/*softwares*

5 Condições gerais

6 Formulários/registros e documentos

7 Referências

8 Anexos

Revisão Nº	Item	Natureza da alteração	Data	Autorizado por
01	5.3	Inclusão do item 5.3.2	21.10.2007	J. Augusto
02	5.0	Inclusão do item 5.4	30.11.2007	J. Augusto

Revisado: J. Augusto
Depto: Qualidade
Aprovado: Luiz Fernando
Cargo: Gerente da qualidade

1 Objetivo

1.1 Este procedimento gerencial descreve o processo de determinação, fornecimento e manutenção da infraestrutura e das condições do ambiente de trabalho necessárias para se alcançar conformidade com os requisitos do serviço

2 Responsabilidades

2.1 A direção é responsável por prover meios para a manutenção da infraestrutura necessária, bem como para assegurar um ambiente de trabalho adequado.

2.2 O pessoal da manutenção é responsável pela manutenção preventiva das instalações e equipamentos.

3 Definições

3.1 *Infraestrutura*: construções, espaço de trabalho, serviços como água, luz, gás etc., equipamentos da produção e serviços de apoio.

3.2 *Ambiente de trabalho*: condições nas quais o trabalho é desenvolvido, incluindo fatores físicos, ambientais e outros, como ruído, temperatura, umidade, iluminação e clima.

4 Equipamentos/*softwares*

4.1 Não são necessários equipamentos ou *softwares* adicionais/específicos.

5 Condições gerais

5.1 As necessidades de infraestrutura são identificadas durante o planejamento da qualidade e o planejamento dos processos de realização. Esses planejamentos são documentados no manual da qualidade e no procedimento gerencial do planejamento dos processos da realização do produto.

5.2 A manutenção da infraestrutura é normalmente realizada por meio de um programa de manutenção preventiva.

5.2.1 O pessoal da manutenção avalia as instalações, os equipamentos e outros elementos de infraestrutura a fim de determinar áreas onde um serviço de manutenção preventiva precisa ser realizado.

5.2.2 A base de dados ou a planilha de manutenção preventiva apresenta todos os itens que necessitam de manutenção preventiva e o cronograma dessa manutenção.

5.2.3 O gerente ou chefe de manutenção é responsável pela criação de um cronograma de manutenção preventiva para cada ciclo de manutenção e por sua distribuição aos indivíduos ou funções adequadas.

5.2.4 A equipe de manutenção executará a manutenção de acordo com as instruções de trabalho ou os manuais dos equipamentos (o escopo ou alcance do serviço de manutenção é definido pela organização, baseando-se nos manuais dos equipamentos, bem como na experiência da própria organização). O cronograma apresenta o prazo para o serviço ser concluído.

5.2.5 Registros da manutenção realizada são mantidos em solicitações de serviço ou em registros de manutenção.

5.2.6 O pessoal da manutenção assina e data a solicitação de serviço quando este for concluído e devolvem o documento para o gerente ou chefe de manutenção.

5.2.7 O gerente ou o chefe de manutenção atualiza a planilha ou a base de dados para indicar que a manutenção foi concluída.

5.3 Solicitações de serviço também são produzidas para manutenções (reparos) não programados.

5.3.1 Os dados das manutenções não programadas são coletados pelo gerente ou chefe de manutenção e resumidos para análise crítica.

5.3.2 Cronogramas de manutenção preventiva podem ser alterados com base na análise dos dados durante as reuniões de análise crítica.

5.4 É importante que se registrem os reparos executados, bem como as peças substituídas durante os serviços de manutenção, para análise de tendências, identificação de pontos fracos, vícios de operação e a devida consideração na análise crítica.

5.5 Em cada um dos diferentes tipos de ambientes onde trabalhos são desenvolvidos, serão determinadas as condições mínimas que deverão existir para permitir um trabalho de qualidade, e levadas a uma planilha.

5.6 As condições citadas (ruído, luminosidade, temperatura etc.) serão periodicamente (mensalmente, semestralmente etc.) monitoradas sob a responsabilidade do encarregado da manutenção.

6 Formulário/registros e documentos

6.1 Base de dados ou planilha de manutenção preventiva.

6.2 Resumos de manutenção preventiva.

6.3 Planilha de condições de trabalho.

6.4 Responsabilidade da direção.

6.5 Planejamento dos processos da realização do produto.

6.6 Manual da qualidade.

7 Referências

7.1 Norma ISO 9000 item 6.3.

8 Anexos

8.1 Liste os anexos aqui.

Escola Alfa	**PROCEDIMENTO GERENCIAL**	Data: 15.01.2008
		Revisão: 02
	Comunicação com o cliente	Página 01 de 02

1 Objetivo
2 Responsabilidades
3 Definições
4 Equipamentos/*softwares*
5 Condições gerais
6 Formulários/registros e documentos
7 Referências
8 Anexos

Revisão Nº	Item	Natureza da alteração	Data	Autorizado por
01	5.1.2	Incluído o item e 2	15.01.2008	J. Augusto
01	5.1.2	Dada nova redação aos itens 5.1.2 e 5.1.2c	15.01.2008	J. Augusto

Revisado: J. Augusto
Depto: Qualidade
Aprovado: Luiz Fernando
Cargo: Gerente da Qualidade

1 Objetivo

1.1 Este procedimento gerencial descreve o processo utilizado para a comunicação com clientes e para a análise de informações provenientes de clientes, incluindo opiniões de clientes.

2 Responsabilidades

2.1 Todos os funcionários que receberem opiniões (inclusive reclamações) de clientes são responsáveis por comunicar essas opiniões ao atendimento ao cliente ou ao diretor-geral.

3 Definições

3.1 *Opiniões dos clientes*: entendam-se como opiniões quaisquer tipos de manifestações, como decepção, raiva, reclamação, alegria e satisfação.

4 Equipamentos/*software*

4.1 Não são necessários equipamentos ou *softwares* adicionais/específicos.

5 Condições gerais

5.1 Comunicação ao cliente.

5.1.1 Informações de serviço:

a) Informações de serviços são comunicadas ao cliente por meio de planilhas de informações de serviços, catálogos, comunicação da área pedagógica, circulares e pela internet.

b) Informações impressas são analisadas e aprovadas antes de sua liberação, de acordo com o procedimento gerencial de controle de documentos.

c) Todas as informações são mantidas em um banco de dados controlado.

5.1.2 Opiniões de clientes:

a) Todas as reclamações e as sugestões dos clientes devem ser canalizadas para o diretor-geral ou para o atendimento ao cliente.

b) Todas as opiniões de clientes são registradas na base de dados de opiniões de clientes.

c) O representante ou o supervisor que receber o questionário deve tomar as medidas necessárias imediatas para verificar a procedência da reclamação e entrarem em contato com o cliente a fim de discutir o assunto e procurar satisfazê-lo, na medida do possível.

d) A equipe de colaboradores determinará se o questionamento é uma reclamação e se uma ação corretiva é necessária. Caso seja, ele ou ela iniciará uma solicitação de ação corretiva.

e) Opiniões de clientes são obtidas por meio de pesquisas agendadas, de ligações rotineiras ou até de questionários enviados, ou por correio, ou por via eletrônica.

- Pesquisas de satisfação de clientes são realizadas anualmente.

- Representantes da área pedagógica realizam ligações rotineiras aos clientes de acordo com a necessidade do projeto, e ao final do projeto, a fim de verificar junto ao cliente se suas exigências foram atendidas ou excedidas. Os resultados são registrados na base de dados de opiniões de clientes.

5.1.3 Opiniões de clientes, incluindo reclamações, são medidas e analisadas de acordo com o procedimento de monitoramento. Medição e análise da satisfação de clientes.

6 Formulário/registros e documentos

6.1 Planilha de opiniões de clientes.

6.2 Formulário de ficha de clientes.

6.3 Monitoramento, medição e análise da satisfação de clientes.

6.4 Ação corretiva.

6.5 Ação preventiva.

7 Referências

7.1 Norma ISO 9001:2008 item 7.2.3.

8 Anexos

8.1 Liste os anexos aqui.

Escola Alfa	**PROCEDIMENTO GERENCIAL**	Data: 06.01.2008
		Revisão: 01
	Auditorias internas	Página 01 de 03

1 Objetivo
2 Responsabilidades
3 Definições
4 Equipamentos/*softwares*
5 Condições gerais
6 Formulários/registros e documentos
7 Referências
8 Anexos

Revisão Nº	Item	Natureza da alteração	Data	Autorizado por
01	5.3	Inclusão do item 5.3.1	06.01.2008	J. Augusto

Revisado: J. Augusto
Depto: Qualidade
Aprovado: Luiz Fernando
Cargo: Gerente da qualidade

1 Objetivo

1.1 Este procedimento gerencial descreve o processo de planejamento e realização de auditorias internas.

2 Responsabilidades

2.1 O representante da direção é responsável por planejar e divulgar um programa anual de auditorias internas, bem como supervisionar sua efetiva realização.

2.2 A direção é responsável pela análise de todas as ações corretivas resultantes de auditorias internas.

2.3 A direção é responsável pela seleção de um coordenador de auditoria.

2.4 O coordenador de auditoria é responsável pela seleção de uma equipe de auditoria, pela comunicação com o auditado, a fim de preparar a auditoria, e pela preparação do relatório final de auditoria.

2.5 O representante da direção é responsável por participar de reuniões de abertura e encerramento.

2.6 O coordenador de auditoria, em sintonia com o representante da direção, é responsável por iniciar as ações corretivas.

2.7 O auditor líder, coordenando a equipe de auditoria, é responsável pelo planejamento, pela organização e pela execução, assim como por reportar os resultados das auditorias internas.

3 Definições

3.1 *Equipe de auditoria*: pode ser composta por um ou mais auditores, incluindo o auditor líder.

4 Equipamento/*softwares*

4.1 Não são necessários equipamentos ou *softwares* adicionais.

5 Condições gerais

5.1 O representante da direção trabalha em conjunto com a direção na preparação de um programa anual para as auditorias internas. O programa inclui todas as áreas da empresa e é baseado no *status* e na importância da área sob auditoria.

5.1.1 O programa indica quando as auditorias ocorrerão e quais áreas serão auditadas.

5.1.2 Cada área da escola será auditada no mínimo duas vezes por ano.

5.1.3 A tabela de procedimentos adequados por área de trabalho apresenta quais procedimentos do sistema de gerenciamento da qualidade aplicam-se a cada área de trabalho da escola.

5.1.4 O programa anual é avaliado durante a reunião de análise crítica. A análise baseia-se:

a) Nos resultados das auditorias.

b) No número de ações corretivas (como medida do *status* da área).

c) Em problemas do sistema identificados por ações corretivas.

d) Outras informações pertinentes.

5.2 O coordenador de auditoria inicia as auditorias internas com base no cronograma mestre.

5.2.1 O coordenador de auditoria agenda a auditoria com o supervisor da área a ser auditada.

5.2.2 O coordenador de auditoria apresenta uma equipe de auditoria e um auditor líder selecionando auditores treinados, sem vínculo com a área a ser auditada e disponíveis no dia ou nos dias agendados.

5.2.3 O coordenador de auditoria agenda a reunião de abertura para os auditores e para o(s) representante(s) da área a ser auditada.

5.3 O auditor líder documenta o escopo da auditoria no plano de auditoria. O escopo é baseado na área a ser auditada e os procedimentos gerenciais do sistema de qualidade que se aplica àquela área.

5.3.1 O auditor líder prepara o plano de auditoria com a equipe apropriada.

5.4 A equipe de auditoria analisa relatórios anteriores de auditoria daquela área. Todas as ações corretivas que tiverem sido concluídas desde as auditorias anteriores e que exijam acompanhamento são apresentadas nos relatórios de auditoria.

5.4.1 O auditor líder atribui o acompanhamento das ações corretivas aos membros da equipe de auditoria.

5.4.2 Os auditores obtêm os formulários de ação corretiva apropriados do coordenador de ação corretiva.

5.5 O auditor líder conduz a reunião de abertura com o(s) representante(s) da área a ser auditada.

5.6 A equipe de auditoria realiza a auditoria de acordo com o plano de auditoria e os *checklists* aprovados. Os auditores documentam todas as não conformidades no *checklist*.

5.7 A conformidade com os requisitos do sistema de qualidade e com o padrão ISO 9001 é determinado pela observação, entrevista e análise de registros utilizando-se o *checklist* de auditoria interna como guia.

5.8 O acompanhamento das ações corretivas é concluído. O auditor documenta os resultados da ação corretiva no formulário de ação corretiva.

5.8.1 Se a ação corretiva foi eficaz, o auditor encerra a ação corretiva, marcando a opção "Eficaz" e assina e data na linha apropriada.

5.8.2 Se a ação corretiva não foi eficaz, o auditor marcará a opção "Não eficaz".

5.8.3 Os auditores anotam no relatório de auditoria apropriado se as ações corretivas foram eficazes ou se deverão ser re-executadas.

5.8.4 Os auditores devolvem os formulários de ação corretiva ao ação corretiva.

5.8.5 O coordenador de ação corretiva lidará com as ações corretivas de acordo com o procedimento gerencial de ações corretivas e preventivas.

5.9 Os auditores registram os resultados da auditoria nos *checklists*.

5.10 A equipe de auditoria realiza uma reunião de análise crítica para acertar e criar solicitações de ações corretivas.

5.11 A equipe de auditora realiza uma reunião de encerramento com os representantes da área auditada, incluindo um funcionário da gerência com responsabilidade sobre a área sob auditoria.

5.11.1 Todas as não conformidades são explicadas.

5.11.2 O *status* da área auditada é resumido.

5.12 O auditor líder prepara um relatório final incluindo:

a) Um resumo dos resultados.

b) Uma tabela de solicitações de ações corretivas.

c) Uma cópia de cada solicitação de ação corretiva.

5.13 O auditor líder inclui todos os registros de auditoria no arquivo de auditoria.

5.14 Os registros incluídos são:

a) Plano de auditoria interna.

b) *Checklists* de auditorias.

c) Relatório de auditoria interna, incluindo a tabela de solicitações de ações corretivas.

d) Evidências da realização da auditoria e seus resultados.

6 Formulários/registros e documentos

6.1 Plano de auditoria interna.

6.2 Relatório de auditoria interna.

6.3 Procedimentos adequados por área de trabalho.

6.4 *Checklist* de auditoria.

6.5 Ação corretiva.

6.6 Ação preventiva.

7 Referências

7.1 Norma ISO 9001 item 4.2.3

7.2 Norma ISO 9001 item 8.2.2

8 Anexos

8.1 Nenhum.

Escola Alfa	**PROCEDIMENTO GERENCIAL**	Data: 19.12.2007
		Revisão: 01
	Ação corretiva	Página 01 de 03

1 Objetivo
2 Responsabilidades
3 Definições
4 Equipamentos/*softwares*
5 Condições gerais
6 Formulários/registros e documentos
7 Referências
8 Anexos

Revisão Nº	Item	Natureza da Alteração	Data	Autorizado por
01	6.0	Inclusão do item 6.2	19/12/07	J. Augusto

Revisado: J. Augusto
Depto: Qualidade
Aprovado: Luiz Fernando
Cargo: Gerente da qualidade

1 Objetivo

1.1 Este procedimento gerencial descreve o processo de eliminação da causa de não conformidades pela utilização da Solicitação de Ação Corretiva – SAC.

2 Responsabilidades

2.1 É de responsabilidade de todos os funcionários iniciarem uma Solicitação de Ação Corretiva (SAC) quando identificarem uma não conformidade.

2.2 É de responsabilidade do coordenador de ação corretiva, com auxílio da direção quando necessário, nomear um investigador e determinar um prazo para cada solicitação de ação corretiva aberta.

2.3 É de responsabilidade do coordenador de ação corretiva acompanhar a solicitação de ação corretiva – SAC e manter a base de dados de acordo com este procedimento.

3 Definições

3.1 *Ação corretiva*: ação executada com o intuito de eliminar a causa de uma não conformidade que tiver ocorrido e impedir sua recorrência (nesse caso, a não conformidade já ocorreu).

3.2 *Ação preventiva*: ação executada com o intuito de eliminar a causa de uma não conformidade em potencial e impedir sua ocorrência (nesse caso, a não conformidade ainda não ocorreu).

4 Equipamentos/*softwares*

4.1 Não são necessários equipamentos ou *softwares* adicionais/específicos.

5 Condições gerais

5.1 Ação corretiva.

5.1.1 Qualquer funcionário que detecte uma não conformidade relacionada a um problema de documentação do Sistema de Gestão da Qualidade ou a um processo inadequado ou incorreto, preenche uma solicitação de ação corretiva – SAC e a encaminha ao coordenador de ação corretiva.

5.1.2 Quando for recebida uma reclamação de um cliente, o funcionário que a recebe preenche uma SAC e a encaminha ao coordenador de ação corretiva.

5.1.3 Todas as observações relacionadas às auditorias internas são documentadas em uma SAC.

5.1.4 O coordenador de ação corretiva atribui um número a cada SAC, atribui a solicitação a um investigador e define um prazo.

5.1.5 A SAC é incluída na base de dados de ação corretiva que é mantida pelo coordenador de ação corretiva.

5.1.6 A SAC é encaminhada ao investigador que determina a causa-raiz do problema e recomenda uma ação corretiva. O investigador implementa a ação corretiva ou a encaminha ao Coordenador de Ação Corretiva que nomeia um funcionário com a responsabilidade e autoridade de implementar a ação.

5.1.7 O formulário preenchido da SAC é devolvido ao coordenador de ação corretiva que atualizará a base de dados e agendará um acompanhamento.

5.1.8 A cada semana o coordenador da ação corretiva verifica quais SAC's devem passar por acompanhamento e as envia para acompanhamento.

5.1.9 A pessoa responsável investiga os resultados da ação tomada, registra os resultados na SAC, indica se a ação foi eficaz e devolve a SAC ao coordenador de ação corretiva.

5.1.10 O coordenador de ação corretiva fecha a ação corretiva. Se a ação não foi eficaz, uma nova SAC é iniciada. O coordenador de ação corretiva atualiza a base de dados.

5.1.11 O coordenador de ação corretiva prepara um resumo das ações corretivas para ser analisado durante a reunião de análise crítica de acordo com o procedimento gerencial de responsabilidade da direção.

5.2 Instrução de preenchimento

5.2.1 *Descrição do problema*: descreve-se a não conformidade que ocorreu.

5.2.2 *Ação imediata*: descreve-se a ação imediata que deverá ser tomada para corrigir o efeito da não conformidade.

5.2.3 *Causa-raiz*: descreve-se a causa (primeira) que originou a não conformidade.

5.2.4 *Ação proposta*: descreve-se a ação que deve ser implementada para evitar que a não conformidade ocorra novamente.

5.2.5 *Análise da ação proposta*: o emitente do SAC verifica se a ação corretiva proposta eliminará a causa-raiz da não conformidade.

5.2.6 *Verificação da eficácia da ação proposta*: o emitente da SAC verifica a eficácia da ação e aponta as evidências objetivas da eficácia. Se não eficaz, abre-se nova solicitação de ação corretiva.

6 Formulário/registros e documentos

6.1 Solicitação de ação corretiva – SAC

6.2 Procedimento gerencial de ação corretiva

7 Referências

7.1 Norma ISO 9001 item 8.5.2

8 Anexos

8.1 Liste os anexos aqui.

4.2 FORMULÁRIOS FUNCIONAIS

Nesse espaço abaixo colocaremos alguns exemplos de formulários que a sua escola poderá utilizar na implantação de um Sistema de Gestão da Qualidade, com base na Norma ISO 9001. Observe que você poderá criar quantos formulários considere necessários e que balizem seu trabalho no controle dos requisitos dos seus clientes.

Escola Alfa	**PROCEDIMENTO GERENCIAL**	Data: 15.02.2007
	Solicitação de alteração de documento	Revisão: 00 Página 01 de 01

Título do documento: Procedimento gerencial – preservação do produto
Nº do documento: PG-A-755
Data da solicitação: 18/11/07
Nome do solicitante: Rafael Souza – professor de Física (laboratório)
Alteração solicitada: (anexe cópia da página do documento com alterações indicadas.)

Inclusão do subitem 5.2.6 com o seguinte texto:
Materiais com prazos ou produtos vencidos ou danificados têm sua destinação determinada por meio do *Procedimento gerencial de controle de produtos não conformes*.

Motivo da alteração
Não estava clara qual a destinação que seria dada aos produtos danificados ou vencidos.

Comentários do aprovador
A ação é perfeita e bem estruturada, uma vez que havia dúvida na produção quanto à destinação deste material.

Alteração aprovada? ☐ Sim ☐ Não
Se sim, é necessário treinamento? ☐ Sim ☐ Não
Treinamento individual ☐ ou treinamento em grupo ☐

Notas de treinamento
O treinamento deverá ser ministrado para todo o grupo de colaboradores da produção.

Assinatura do funcionário

José Augusto Fernandes   Data: 25.11.2007
Professor de Física

	FORMULÁRIO	
Escola Alfa	**FUNCIONAL** **Solicitação de ação corretiva** **(SAC)**	

Causa-raiz

Por falta de suficiente conscientização, os funcionários "acharam" que por "pequena quantidade" poderiam evitar "burocracia" desnecessária.

Ação proposta

Reforçar junto ao responsável pela mecanografia as maneiras como reduzir o risco de entregas informais de materiais/produtos. Programar junto ao RH um treinamento a todos os funcionários que possam se envolver com esse tipo de atividade (produção e almoxarifado), focando a importância dessa "pequena quantidade" de reprodução, no contexto geral.

Análise da ação proposta

Aprovado X reprovado

Responsável: Francisco Alves

Data:18.06.2007

Verificação da eficácia da ação adotada

A ação adotada foi eficaz? ☐ Sim ☐ Não

Se NÃO, novo número de solicitação de ação corretiva:

Escola Alfa	**FORMULÁRIO FUNCIONAL** Solicitação de ação preventiva (SAP)	Data: 17.02.2007 Revisão: 00 Página 01 de 02

DATA: ___/___/___

	Prazo (dias)	**Responsável**	**Iniciais/rubrica e data**
Investigação	5	Mateus	
Implementação	30	José	
Auditoria	60	Francisco	
SAP encerrada			

Descrição do problema (potencial)
Em face do ocorrido com a liberação de material do almoxarifado sem a devida autorização relatado no SAC nº18, considerou-se a possibilidade de ocorrer em outras áreas da produção, e mesmo da Escola Alfa como um todo.

Ação imediata
Dar treinamento a todos os que podem se envolver em atividades do mesmo tipo, conscientizando-os da importância de seguir procedimentos e instruções, mesmo quando eventualmente não consigam enxergar uma razão.

5

5.1 PREPARANDO-SE PARA A AUDITORIA

Ao se preparar e passar por uma certificação, você provavelmente trabalhará com várias pessoas, tanto dentro como fora de sua organização. Para fazer o melhor uso da experiência e do conhecimento de todos, para administrar seu tempo de maneira eficaz com eles e para desenvolver bons relacionamentos profissionais, é importante entender o papel de todos no processo de implementação e certificação.

5.2 AS RESPONSABILIDADES DE TODOS

- O comprometimento e apoio ao esforço de implementação da ISO 9001;
- possuir uma atitude cooperativa e positiva;
- comunicação do nível do esforço;
- entendimento correto e apoio ao valor do certificado;
- fornecer *inputs* e verificar se os procedimentos documentados são adequados e precisos;
- compreender e utilizar suas instruções de serviço;
- compreender a política da qualidade de sua organização educacional e como ela se aplica a você.

5.3 AS RESPONSABILIDADES DA DIREÇÃO

- Garantir o comprometimento, que é fundamental para o sucesso;
- auxiliar a desenvolver e promover a política e os objetivos da qualidade da organização educacional;
- auxiliar a desenvolver os processos de alto nível de requisitos;
- implementar as alterações necessárias;
- analisar os processos;
- prover os recursos necessários.

5.4 TREINAMENTO DE AUDITORES

A auditoria da qualidade é um fator de importância fundamental para o gerenciamento do Sistema de Gestão da Qualidade de qualquer escola, uma vez que fornece os dados para avaliar e aperfeiçoar a eficácia do sistema.

A auditoria da qualidade avalia a documentação e as operações resultantes em relação a alguma norma ou especificação predefinida e seu resultado é o relatório de suas observações, seguido de solicitações de algumas ações corretivas.

O Sistema de Gestão da Qualidade de qualquer organização educacional é um programa de atividades integradas, implantado pela organização por sua própria vontade ou por imposição da norma da qualidade. Em qualquer um destes casos, a direção precisa dispor de alguns meios para determinar a eficácia do sistema existente e identificar as áreas carentes de correções ou aperfeiçoamentos. A auditoria da qualidade fornece tais meios.

As auditorias da qualidade podem ser subdivididas em quatro categorias ou classificações, baseadas:

- *Na finalidade da auditoria*: Por que auditar?
- *No objetivo da auditoria*: O que auditar?
- *Na natureza da auditoria*: Quem audita?
- *No método da auditoria*: Como auditar?

Quadro 5.1 – Auditorias da qualidade

Por que auditar?	O que auditar?	Quem audita?	Como auditar?
Verificar a conformidade e a adequação	Sistema da qualidade aplicável à organização, sua gestão, produto, serviço ou processo	Auditor interno	Todas as atividades relacionadas a um elemento específico em todas as localidades onde se aplica

5.4.1 QUEM PODE SER AUDITOR?

Em grande parte, a eficácia de uma auditoria da qualidade depende dos relacionamentos pessoais entre o auditor e os membros da equipe auditada. O pessoal auditado precisa ter confiança na objetividade, competência, conhecimento técnico e habilidade do auditor ao fazer avaliações válidas.

Os principais traços de personalidade necessários para um auditor da qualidade incluem a capacidade de:

- tratar as pessoas de forma a inspirar um intercâmbio livre de fatos e ideias;
- manter a calma e a frieza durante as fases da auditoria da qualidade;
- exibir um ar de confiança, mas não excessivo nem arrogante;
- demonstrar honestidade e objetividade ao relatar as constatações de uma auditoria;
- trabalhar de maneira planejada e sistemática, sem mostrar tendências autoritárias;
- dispor de determinação na solução de questões relativas à adequação e à conformidade ao programa da qualidade, sem ser burocrático ou dogmático;

- ter uma mentalidade aberta perante os termos dos documentos e a norma de referência;
- ser observador atento de detalhes das áreas e atividades associadas;
- ser intuitivo na interpretação das observações feitas durante uma auditoria, de forma a identificar e reagir a anomalias que possam surgir.

Todas as auditorias deveriam constituir uma recompensa e uma experiência de aprendizado para todos os participantes, isto é, para a direção, para os auditores e para os auditados. Auditados e auditores têm a maioria das oportunidades de aproveitar esses benefícios.

Uma recompensa ocorre para o auditado quando os pontos fortes no Sistema de Gestão da Qualidade são reconhecidos e destacados durante a auditoria e nos relatórios. Ela ocorre para o auditor quando as constatações possibilitam que ações corretivas sejam tomadas para evitar a ocorrência de dissabores ou problemas. Que melhor recompensa pode existir que ajudar alguém a evitar problemas?

A experiência de aprendizado resulta da oportunidade de observar, em primeira mão, as diferentes interpretações dos requisitos e dos métodos que precisam ser utilizados para atendê--los. Isso se aplica às três partes, embora, novamente, o maior escopo esteja disponível para os auditados e os auditores.

A auditoria deveria ser encarada pelas três partes como uma oportunidade de adquirir conhecimento, e não como uma imposição com a finalidade de flagrar a auditada em algum ponto de menor importância.

O aperfeiçoamento dos sistemas operacionais é, hoje, o alicerce de um sistema da qualidade bem-sucedido. Um programa eficaz de melhoria resulta em uma produção mais eficiente e em produtos ou serviços com melhor qualidade.

Dessa maneira, um bom sistema da qualidade melhora a posição da organização aos olhos dos seus clientes, ao mesmo tempo em que reduz os custos e melhora o desempenho das entregas em relação às normas internas. O programa de melhoria envolve todo o pessoal da empresa, incluindo sua direção geral.

A organização com qualidade deve ser uma das principais incentivadoras da implementação de um programa de aperfeiçoamento. Portanto, deve servir de exemplo na aplicação de processos criativos para aperfeiçoar as atividades envolvidas no Sistema de Gestão da Qualidade.

Uma operação-chave em uma empresa com qualidade é a realização periódica de auditorias internas, pois é a única ferramenta que possibilita identificar oportunidades de melhorias em todas as áreas.

5.4.2 INVESTIGAÇÃO

Durante a condução da auditoria, os membros da equipe precisarão de muita habilidade para assegurar que todos os aspectos necessários sejam analisados e avaliados. Portanto, é necessário evitar perguntas que originem a resposta *sim* ou *não*; utilize as palavras: *como, onde, quando, por quê, o quê, quem* ($5W+H$, ou seja: *how, where, when, why, what* e *who*). Estas são as melhores perguntas para o auditor.

Faça perguntas nos locais onde possa ter uma resposta; se o local ou a pessoa não forem adequados, não perca tempo. Sim, o maior problema é o tempo. O auditor não dispõe de todo o tempo do mundo. Assim, deve obter o máximo de informações importantes no mínimo tempo (deve ser *eficiente*, nesse sentido).

Se o representante ou o supervisor quiserem responder pelo executor, polidamente solicite que a pessoa tenha a liberdade de responder, mas existem pessoas que têm dificuldades para se expressar; nesse caso, o representante poderá ajudar. Entretanto, não é raro encontrar auditores externos completamente intransigentes em relação a isso.

É importante manter a pessoa falando enquanto estiver fornecendo informações e, para isso, dê total atenção, mantendo contato "olho no olho". Movimente a cabeça mostrando que está interessado, procure fazer anotações após a pessoa ter terminado de falar (com algumas pessoas, também, durante a fala).

As informações obtidas por meio de entrevista devem ser comprovadas com outras fontes independentes, como verificação de documentos e registros referentes ao assunto, observação física e medições.

Olhe para um número limitado de elementos e situações com a necessária profundidade, que você encontrará o que procura; do contrário, não conseguirá ver nada.

Mantenha um comportamento equilibrado e isento, *não absorvendo eventuais emoções* que lhe sejam passadas pelo auditado. Não entre em discussão sobre a interpretação da norma de referência, sobre um procedimento ou sobre o significado de uma particular não conformidade.

Quando fizer uma pergunta, esteja preparado para conseguir a resposta. As informações obtidas verbalmente devem ser anotadas, principalmente se forem parte de uma não conformidade. Embora exista o planejamento, a lista de verificação e uma norma de referência, a auditoria não é uma atividade precisa; ela exige que o auditor faça uma série de questionamentos e exercite seu julgamento, como mostrado a seguir:

A) Qual é o requisito?
- A intenção da norma está interpretada corretamente?
- Você entende a colocação verbal do auditado?

B) Como investigar?
- Que tipo de amostras serão mais representativas para se obter o objeto da auditoria?
- Você vai do começo para o fim ou do fim para o começo?

C) Como se expressar?
- Você fez um planejamento, mas, durante a auditoria, podem existir mudanças que impliquem a necessidade de falar com outras pessoas. Portanto, é importante saber se expressar de forma diferenciada para os diversos níveis hierárquicos.
- Utilizar a linguagem adequada para o entendimento.

D) O que olhar?
- Existem diversos tipos de documentos a serem verificados em uma auditoria. Portanto, eles devem ser previamente selecionados, e a escolha deve ser relevante quanto ao objetivo da auditoria.

E) Quanto tempo permanecer em cada item?
- Não perca tempo se não houver evidências de não conformidade. Contudo, *se perceber que existem problemas*, persista na investigação, mesmo que tenha de alterar a programação.

F) Quanto olhar?
- O número de documentos da atividade a ser olhado deve ser suficiente e necessário para determinar a existência ou não de conformidades.

G) Existe uma não conformidade?
- Para determinar este fato, é preciso estar certo quanto aos requisitos da Norma, ao manual da qualidade, aos procedimentos gerenciais documentados e/ou às informações fornecidas pelo auditado.

H) A não conformidade é relevante?
- O grau de importância é determinado pelo impacto, em razão da gravidade e da intensidade, sobre o sistema da qualidade auditado, bem como sobre o produto ou serviço realizados.

CONSIDERAÇÕES FINAIS

Pois bem, acabamos! Quer dizer, temos muitos elementos que nos permitem implantar, com eficiência e eficácia um bom Sistema de Gestão da Qualidade em sua organização educacional. O assunto é extenso e procurei resumi-lo e adaptá-lo aos ambientes educacionais, retirando termos e indicações mais apropriados às indústrias e ao comércio.

Também foram apresentados diversos modelos de fichas, tabelas, fluxogramas, organogramas e indicativos de tabelas e modelos de metas.

Caso a sua escola, realmente, planeje a certificação em ISO 9001 por uma certificadora oficial, recomendo a contratação de um bom consultor em gestão da qualidade; não para fazer o trabalho pela escola, mas para acompanhar a documentação necessária e dar incentivo às etapas.

Como já relatei, em diversas ocasiões, quem sabe dos requisitos dos seus clientes (alunos, pais, professores) são os próprios colaboradores, e nenhum consultor terá essa visão.

Aqui foram usados diversos textos, tabelas, gráficos e exemplos de publicações especializadas (citadas nas Referências) com mudanças significativas para a área educacional. As experiências dessas instituições são valiosas, pois possuem histórico competente e aprovado de certificações em diversos meios de produção e de serviços.

Finalmente, espero tê-lo contaminado com o vírus da qualidade e a da busca constante dos padrões de um Sistema de Gestão da Qualidade. Pode ter a certeza de que chegará um momento no qual a sua escola se perguntará: "Como vivemos sem um Sistema de Gestão da Qualidade até agora?".

Agradeço o empenho e me coloco para esclarecimentos e participações nas novas conquistas de sua escola!

O Autor

GLOSSÁRIO

- *ABNT*: Associação Brasileira de Normas Técnicas, responsável pela monitoração dos processos de qualidade no Brasil.
- *Auditoria de qualidade*: processo sistemático, independente e documentado de obtenção de evidências de auditoria e sua avaliação objetiva, com o intuito de determinar o grau de cumprimento dos critérios determinados.
- *Certificado*: declaração escrita emitida por um órgão autorizado, declarando que uma organização mostrou-se em conformidade com um conjunto de normas e requisitos.
- *Conformidade*: indicação ou julgamento afirmativo de que os fornecedores de um produto ou serviço atenderam aos requisitos das especificações, do contrato ou de regulamentos pertinentes.
- *Controle da qualidade*: parte da gestão da qualidade focada no cumprimento dos requisitos da qualidade.
- *Controle de processos*: a identificação e a ação sobre todos os fatores que afetam a variabilidade de processos, incluindo

materiais aceitos no processo, manutenção adequada de equipamentos, uso de métodos de controle estatísticos de processos e grau de aderência a instruções de serviços válidas.

- *Especificação*: documento que descreve os requisitos a serem atendidos pelo produto ou serviço.
- *Gestão da qualidade*: atividades coordenadas para direcionar e controlar uma organização no que diz respeito à qualidade.
- *ISO*: Organização Internacional para Padronização.
- *Manual da qualidade*: documento especificando o Sistema de Gestão da Qualidade de uma organização.
- *Política da qualidade*: as intenções gerais e a orientação de uma organização com relação à qualidade, conforme expresso formalmente pela direção.
- *Procedimentos*: práticas documentadas definindo quem, o que e quando das atividades da qualidade; normalmente são utilizados no nível de departamentos e podem envolver mais de um departamento.
- *Qualidade*: o grau em que um conjunto de características inerentes atende aos requisitos do cliente.
- *Sistema de Gestão da Qualidade*: conjunto de processos inter-relacionados ou que interagem com relação à qualidade, implementado pela administração de uma organização por meio de uma política, de objetivos e do cumprimento desses objetivos.

REFERÊNCIAS

ABNT NBR ISSO 9001:2008. *Sistemas de Gestão da Qualidade –* Requisitos, 2008.

COLLINS, J. W.; STEIGER, D. S. *The memory Jogger 9001:2008.* Tradução de Quality Innovation, 2009.

KIT ISO 9001:2008. *Passo a Passo –* Avançado. Tradução de Quality Innovation, 2010.

SOBRE O LIVRO
Formato: 15,5 x 23 cm
Mancha: 10 x 18 cm
Papel: Offset 90g
nº páginas: 168
Tiragem: 2.000 exemplares
1ª edição: 2015

 Este livro segue o novo Acordo Ortográfico da Língua Portuguesa

EQUIPE DE REALIZAÇÃO
Assistência editorial
Liris Tribuzzi

Assessoria editorial
Maria Apparecida F. M. Bussolotti

Edição de texto
Gerson Silva (Supervisão de revisão)
Nathalia Ferrarezi (Preparação do original e copidesque)
Fernanda Fonseca e Cleide França (Revisão)

Editoração eletrônica
Évelin Kovaliauskas Custódia (Capa, projeto gráfico e diagramação)

Imagens
VLADGRIN | Shutterstock (Imagem de capa)
ba1969 | Freeimages (Imagem de capa)

Impressão
Intergraf Ind. Gráfica Eireli.